LE RÉGIME FISCAL

DES SUCCESSIONS EN FRANCE

ET

DANS LES PRINCIPAUX PAYS DE L'EUROPE.

I

C'est encore aujourd'hui la loi du 22 frimaire an VII qui demeure, en France, la base du régime fiscal en matière de mutations par décès, et c'est presque uniquement dans son texte que sont inscrites les dispositions que nous avons à analyser pour faire connaître l'état actuel de la législation, préliminaire indispensable à l'étude des modifications dont cette législation paraît susceptible.

Le principe de l'impôt est posé par l'article 4 de la loi de frimaire portant que «le droit proportionnel est établi pour... toute mutation de propriété, d'usufruit ou de jouissance de biens meubles ou immeubles (opérée) par décès...» Cette formule atteint dans sa généralité toutes les valeurs successorales dont la mutation pouvait être alors prévue.

Une seule exception est faite par le législateur de l'an VII; elle vise les inscriptions sur le grand-livre de la dette publique. Mais c'est là pour les rentiers une situation privilégiée, qui ne se justifie nullement dans ce cas particulier. La loi du 18 mai 1850 fait disparaître cette anomalie et rentrer les rentes sur l'État dans le droit commun.

Quant aux valeurs mobilières françaises autres que les rentes sur l'État, elles se trouvent, sans contestation possible, atteintes, en tant que créances, par les dispositions générales de la loi de frimaire. Mais, en l'absence de prescriptions spéciales, les valeurs étrangères échappent à l'impôt. La loi de 1850 comble en partie cette lacune et déclare passibles des droits les fonds publics étrangers et les actions des sociétés étrangères dépendant d'une succession régie par la loi française. La loi du 13 mai 1863 y assujettit les obligations des mêmes sociétés; celle du 23 août 1871, les créances, les parts d'intérêts, les obligations des provinces et des villes, et généralement toutes les valeurs mobilières étrangères de quelque nature qu'elles soient. La totalité des valeurs étrangères mobilières d'après la loi française se trouve ainsi atteinte, alors même que ces valeurs sont immobilières d'après la loi étrangère. De plus, innovation à signaler, l'impôt est également exigible lorsque ces créances, ces parts d'intérêt, ces valeurs mobilières dépendent de la succession d'un étranger domicilié en France, avec ou sans autorisation, c'est-à-dire ayant seulement dans le pays son domicile de fait.

Enfin, la loi du 21 juin 1875, s'écartant en cela de la loi civile, vient frapper les bénéficiaires, à titre gratuit, des assurances sur la vie. Les sommes, rentes ou émoluments quelconques dus par l'assureur à raison du décès de l'assuré sont désormais considérés comme faisant partie de la succession de celui-ci, sous la réserve des droits de la communauté, s'il en existe une. Les bénéficiaires doivent l'impôt suivant la nature de leurs titres et leurs relations avec le défunt. Ces prescriptions atteignent même les étrangers n'ayant pas de domicile ou de résidence en France, qui ont traité avec des compagnies françaises.

En l'état actuel de la législation, la matière imposable est donc aujourd'hui incontestablement saisie dans sa totalité. Comment la valeur de cette matière imposable est-elle déterminée pour la liquidation et le payement du droit proportionnel? Sans déduction aucune du passif, aux termes des articles 14 et 15 de la loi de l'an VII, qui visent, l'article 14, les mutations mobilières, l'article 15, les mutations immobilières, et qui spécifient nettement que les évaluations sont faites «sans distraction des charges».

En ce qui concerne les meubles corporels, l'article 14 prévoit seulement la déclaration estimative des parties, mais la loi du 21 juin 1875 y substitue avec raison l'estimation contenue dans les inventaires ou autres actes passés dans les deux années du décès, ou le prix exprimé dans les actes de vente lorsque celle-ci a lieu publiquement au cours de la même période. Ce prix doit être également pris pour base lorsqu'il est supérieur à l'évaluation faite dans l'inventaire. La déclaration estimative n'est plus acceptée qu'à défaut d'inventaires ou d'actes de vente.

Les fonds publics, actions, obligations, parts d'intérêt, sont évalués au cours moyen de la bourse au jour de la mutation, conformément aux dispositions des lois de 1850, 1863 et 1871, que nous avons déjà citées. S'il s'agit de valeurs non cotées, la déclaration estimative des parties est admise.

La valeur imposable est déterminée : pour les rentes perpétuelles créées avec expression de capital, par le capital constitué; — pour celles créées sans expression de capital, à raison d'un capital formé de vingt fois la rente; — pour les rentes et pensions stipulées payables en nature, aux mêmes capitaux, estimation préalablement faite d'après les mercuriales du marché le plus voisin; — pour les rentes viagères et les pensions, le capital est formé de vingt fois la rente ou la pension.

Pour les transmissions de meubles en usufruit, la valeur de l'usufruit est, dans tous les cas, de la moitié de la valeur entière de l'objet.

La valeur des immeubles est déterminée par l'évaluation qui en est faite et portée pour les immeubles urbains à vingt fois et pour les immeubles ruraux à vingt-cinq fois le produit des biens ou le prix des baux courants, sans distraction des charges, conformément aux dispositions combinées de

LE RÉGIME FISCAL
DES SUCCESSIONS EN FRANCE

ET

DANS LES PRINCIPAUX PAYS DE L'EUROPE

PAR

LÉON SALEFRANQUE

SOUS-INSPECTEUR DE L'ENREGISTREMENT A PARIS, LAURÉAT DE L'INSTITUT

MÉMOIRE LU EN AVRIL 1895
AU XXXIV° CONGRÈS DES SOCIÉTÉS SAVANTES

(Extrait du *Bulletin des sciences économiques et sociales du Comité des travaux historiques et scientifiques*, année 1895)

PARIS

IMPRIMERIE NATIONALE

M DCCC XCV

LE RÉGIME FISCAL

DES SUCCESSIONS EN FRANCE

ET

DANS LES PRINCIPAUX PAYS DE L'EUROPE

PAR

LÉON SALEFRANQUE

SOUS-INSPECTEUR DE L'ENREGISTREMENT À PARIS, LAURÉAT DE L'INSTITUT

MÉMOIRE LU EN AVRIL 1895

AU XXXVe CONGRÈS DES SOCIÉTÉS SAVANTES

(Extrait du *Bulletin des sciences économiques et sociales du Comité des travaux historiques et scientifiques*, année 1895)

PARIS

IMPRIMERIE NATIONALE

M DCCC XCV

la loi du 22 frimaire an vii et de celle du 21 juin 1875. C'est la nature et non la situation des immeubles qui donne à ceux-ci le caractère urbain ou le caractère rural.

Pour les transmissions en usufruit, la valeur de l'usufruit est déterminée de la même manière, mais le revenu n'est capitalisé que par dix ou douze et demi; ce qui revient, en réalité, à évaluer l'usufruit à la moitié de la toute propriété, comme pour les meubles.

Les bénéficiaires sont tenus, à peine d'un demi-droit en sus, de souscrire la déclaration des biens à eux échus ou transmis par décès et d'acquitter l'impôt dans les six mois du décès du *de cujus*, lorsque ce décès est arrivé en France. Ce délai est porté à huit mois, si le décès s'est produit dans toute autre partie de l'Europe; à un an, s'il a eu lieu en Amérique; à deux ans, s'il est arrivé en Asie ou en Afrique [1].

La déclaration qui doit être signée sur le registre *ad hoc* est faite au bureau de la situation des biens s'il s'agit de meubles ayant une assiette déterminée ou d'immeubles, au bureau du domicile en ce qui concerne les meubles incorporels. Les omissions ou les insuffisances d'évaluation entraînent l'exigibilité d'un droit en sus.

Les droits sont acquittés, au moment de la déclaration, aux taux et quotités réglés par la loi. Ces droits ont été fréquemment modifiés, notamment en 1816, 1832 et 1850. Afin de faire ressortir ces modifications successives, nous réunissons dans un tableau d'ensemble les tarifs qui se sont succédé depuis l'an vii. Nous indiquons en même temps ceux en vigueur de 1790 à cette dernière époque, afin de présenter la suite des tarifs depuis l'établissement des droits de succession dans leur forme actuelle:

[1] Les personnes appelées à exercer des droits subordonnés au décès d'un individu dont l'absence est déclarée sont également tenues de faire, dans les six mois de l'envoi en possession provisoire, la déclaration qu'elles auraient eue à souscrire si elles avaient été appelées par l'effet de la mort et d'acquitter l'impôt sur la valeur entière des biens ou droits qu'elles recueillent. En cas de retour de l'absent, les droits payés sont restitués, sous la seule déduction de celui auquel aura donné lieu la jouissance.

DEGRÉS DE PARENTÉ.		TARIFS (EN PRINCIPAL).								TARIF ACTUEL	
		LOI du 5 décem. 1790.	LOI du 9 pluv. an IV.	LOI du 14 therm. an IV.	LOI du 9 vend. an VI.	LOI du 22 frim. an VII.	LOI du 18 avril 1816.	LOI du 21 avril 1832.	LOI du 18 mai 1850.	en principal.	décimes compris [3].
		liv. s.	liv. s.	liv. s.	liv. s.	fr. c.	fr. c.	fr. c.	fr. c.	fr. c.	fr. c.
Ligne directe	Meubles....	0 5			0 50	0 25			1 00	1 00	1 25
	Immeubles..	0 5	0 10		0 50	1 00					
Époux [1]	Meubles....	1 0			0 50	0 62 1/2	1 50		3 00	3 00	3 75
	Immeubles..	1 0				2 50	3 00				
Frères et sœurs, oncles ou tantes et neveux ou nièces..	Meubles....	2 10			1 50	1 25	2 50	3 00	6 50	6 50	8 12 1/2
	Immeubles..	2 0	4 0	2 0	5 0	5 00		6 50			
Grands-oncles, grand' tantes, petits-neveux, petites-nièces, cousins germains.	Meubles....	1 10			1 50	1 25	2 50	4 00	7 00	7 00	8 75
	Immeubles..	3 0	6 0	4 0	5 0	5 00		7 00			
Collatéraux des degrés plus éloignés.	Meubles....	1 10			1 50	1 25	2 50	5 00	8 00	8 00	10 00
	Immeubles..	4 0	10 0	5 0		5 00		8 00			
Parents non successibles et non parents [2]	Meubles....	1 10			1 50	1 25	3 50	6 00	9 00	9 00	11 25
	Immeubles..	4 0	10 0	5 0		5 00	7 00	9 00			

[1] Tarif applicable lorsque l'époux survivant vient à la succession de son conjoint par suite de donation ou par l'effet des dispositions spéciales de la loi du 9 mars 1891.

[2] Tarif applicable aux enfants naturels ou à l'époux survivant, venant à la succession à défaut de successibles.

[3] Des décimes, qui ont varié avec les époques, se sont successivement ajoutés au principal de l'impôt, seul inscrit dans les lois de tarifs :
Un *premier décime* a été établi par la loi du 6 prairial an VII; il n'a pas cessé d'être perçu depuis cette époque.
Un second décime a été perçu du 16 juillet 1855 au 31 décembre 1857, et du 4 juillet 1862 au 30 juin 1864. A cette date, un *demi-décime* a remplacé le *second décime* jusqu'au 27 août 1871, époque à laquelle celui-ci a été rétabli (lois des 14 juillet 1855, 2 juillet 1862, 8 juin 1864, 18 juillet 1866).
Enfin un *demi-décime* a été établi à partir du 2 janvier 1878 (loi du 30 décembre 1878).
Les décimes actuellement en vigueur ressortent ainsi à *deux et demi.*

Nous nous bornerons à faire remarquer la faveur accordée aux meubles jusqu'en 1850, par compensation, dans la pensée du législateur de l'an vii, à la non-déduction des dettes, et la distinction faite, au point de vue de la quotité de l'impôt, entre les étrangers et les collatéraux par la loi de 1816, puis entre les divers degrés de la ligne collatérale par celle de 1832.

Disons enfin que les droits se prescrivent : après deux années, s'il s'agit d'un supplément de perception insuffisamment faite ou d'une fausse déclaration ; — après cinq années, s'il s'agit d'une omission de biens dans une déclaration ; — après dix années, pour les successions non déclarées. Toutefois la prescription est de trente ans s'il s'agit de rentes sur l'État non déclarées ou omises dans une déclaration, et le transfert de ces rentes ne peut être effectué qu'au vu d'un certificat constatant le payement de l'impôt.

Les parties ont un délai de deux ans pour réclamer la restitution des sommes indûment perçues.

Tel est, dans ses grandes lignes, le système actuellement en vigueur et dont la modification, depuis longtemps réclamée [1], a déjà fait l'objet, depuis le début de la législature actuelle, de deux projets de lois déposés successivement par M. Burdeau et M. Poincaré, et de propositions émanées de l'initiative parlementaire et dues, l'une à M. Dupuy-Dutemps, l'autre à M. Boudenoot [2].

---

[1] Nombreuses, en effet, ont été les tentatives faites depuis le commencement du siècle pour faire disparaître de notre législation le système inique de la non-déduction du passif, inscrit dans nos lois depuis l'origine de l'impôt.

D'abord, celle du baron Louis, ministre des finances, et de la commission qu'il institua en 1819 ;

Puis les motions, projets et pétitions qui, depuis lors jusqu'en 1889, se sont succédé sur la question, et notamment : la proposition de loi Crémieux en 1849, les questions de MM. de Pierre (1861) et Roulleaux-Dugage (1866), les travaux du Conseil d'État (1864), les pétitions au Sénat de l'Empire (1869), les propositions Josseau (1870), Folliet (1871), Méline (1873), le rapport de M. Benoist d'Azy (1874), les propositions Sébert (1874-1875), Cherpin (1876), de Gasté (1877) ;

Enfin les études de la commission extra-parlementaire de 1876, les rapports de la commission du budget de 1880, les propositions et amendements de MM. Pieyre (1883), Raoul-Duval (1886), Duché (1887), et le projet préparé par la Commission du budget de 1888 ;

Au cours de la dernière législature, la proposition de M. Dupuy-Dutemps.

[2] Nouvelle proposition Dupuy-Dutemps : *Chambre, Doc. parl.*, session extraordinaire de 1893, n° 50 ; *J. O.*, p. 75. Proposition Boudenoot : *Chambre, Doc. parl.*, session extraordinaire de 1893, n° 69 ; *J. O.*, p. 99. Projet Burdeau : *Chambre, Doc. parl.*, session ordinaire de 1894, n° 350 ; *J. O.*, p. 124. Projet Poincaré : *Chambre, Doc. parl.*, session ordinaire de 1894, n° 885 ; *J. O.*, p. 1242.

II

Et d'abord, à quel titre l'État, au moment où s'opère par décès une transmission de biens, exerce-t-il un prélèvement ou perçoit-il une contribution? Est-ce un prélèvement effectué à titre de copropriétaire, ainsi qu'on a parfois essayé de le soutenir? est-ce, au contraire, une contribution d'un caractère identique à toutes les autres et concourant avec celles-ci à former cette quote-part fournie à la société par chacun de ses membres en vue de faire face aux dépenses communes? La mutation est-elle la raison même de la perception, en est-elle seulement l'occasion?

Le système de la copropriété de l'État a trouvé récemment dans le chancelier de l'Échiquier anglais un avocat très inattendu. Dans son dernier exposé financier devant la Chambre des communes, sir William Vernou-Harcourt, obligé de rechercher dans un remaniement des droits de succession le supplément de recettes nécessaire à l'équilibre de son budget, a été amené à s'expliquer sur la nature de ces droits. Sir William Harcourt a nettement affirmé le droit de l'État à exercer, à titre de copropriétaire des biens transmis, un prélèvement avant tous autres intéressés.

«Sur toute dévolution de propriété, déclare le ministre anglais, l'État doit prélever sa part avant tout bénéficiaire. La raison d'être de ce principe est simple. Le titre que l'État possède sur la propriété accumulée du défunt est antérieur à tout autre... L'État prend sa part et, ensuite, les autres personnes viennent exercer leurs droits respectifs. Supposez que quelqu'un laisse une fortune de 100,000 livres sterling : la part de l'État sera, par exemple, de 4,000 livres sterling; ce qui appartient dès lors aux bénéficiaires, ce n'est pas 100,000 livres, mais 96,000 livres seulement; ils n'ont pas droit à autre chose. (*On rit.*) Ceux qui rient n'ont certainement pas lu le plus élémentaire traité d'économie politique ou de science financière. L'État doit prendre sa part sur la masse de la succession du décédé, quelle que soit la nature des propriétés qu'il laisse. Ce principe est si simple et si juste que, jusqu'à ce moment, je n'avais pas supposé qu'on pût le discuter. »

Dans quelle mesure la thèse du chancelier de l'Échiquier peut-elle être défendue en droit anglais, nous ne saurions le dire; mais, en présence de cette affirmation unique dans les législations étrangères, nous croyons qu'il n'y a là, malgré la netteté des termes, qu'un procédé hardi de discussion. Sir William Harcourt avait, en effet, à réclamer, sur une même matière imposable, deux taxes distinctes se superposant l'une à l'autre: un prélèvement sur l'actif transmis, abstraction faite des personnes entre lesquelles la transmission s'effectue; une taxe sur ce même actif, calculée cette fois d'après les relations de parenté existant entre le *de cujus* et les bénéficiaires. Pour justifier cette double taxation, il fallait, selon le cas, se réclamer d'un principe particulier. Il ne semble pas, au surplus, que le Parlement, qui a voté d'ailleurs les droits demandés, ait, par cela même, ratifié la théorie du chancelier de l'Échiquier, puisqu'il résulte, au contraire, du procès-verbal de la séance, que ces déclarations ont donné lieu, de la part des auditeurs, à des marques réitérées d'incrédulité.

C'est qu'on pourrait aller loin avec le système de Sir William Harcourt; et qu'objecterait le chancelier de l'Échiquier si, reprenant sa formule, on disait : «Voilà une fortune de 100,000 livres; la part de l'État sera de 96,000 livres; ce qui appartient, dès lors, aux bénéficiaires, ce n'est pas 100,000 livres, mais 4,000 livres seulement; ils n'ont pas droit à autre chose.» Où commence, où finit le droit de l'État? Quel sera le quantum de ses exigences?

On a également essayé en France de soutenir la même thèse en tirant argument des origines de l'impôt qu'on rattachait, inexactement d'ailleurs, aux droits féodaux. Ce serait, en effet, au *centième denier* qu'on pourrait rapporter le droit actuel, et c'était là un impôt sur les mutations n'ayant, ni de près, ni de loin, aucun caractère féodal. C'est d'ailleurs ce que la Cour de cassation a nettement affirmé dans trois arrêts du 25 juin 1857 : «L'impôt de mutation par décès, dit la Cour, n'offre avec les anciennes redevances aucun trait juridique de ressemblance. Pour lui attribuer les caractères d'un droit réel devant s'exercer à titre de prélèvement plutôt qu'à titre de créance sur les biens à déclarer, il faudrait, à défaut d'une loi, le supposer dérivant d'un droit de propriété ou de copropriété de l'État et le considérer comme la condition d'une concession primitive et le prix d'une investiture nécessaire à chaque mutation. Une semblable thèse empruntée au régime féodal, avec une extension qu'elle ne comportait pas même alors, serait non seulement un démenti à la vérité historique, mais aussi une négation de tous les principes de notre droit public et de notre droit civil, soit sur la nature et les conditions d'existence de l'impôt, soit sur la plénitude et l'indépendance du droit de propriété, tel qu'il est défini avec une énergique précision par les articles 544 et 545 du Code civil.» On ne saurait être plus formel. Aussi ne nous a-t-il pas paru inutile de rappeler cette décision de la Cour suprême, alors qu'une certaine école semble disposée à reprendre cette thèse en l'appuyant des mêmes motifs.

Les législateurs de l'an VII ont-ils bien voulu, au surplus, établir une théorie absolue de l'impôt? Nous ne le croyons pas. Ils s'en sont rapportés, sans prévoir les conséquences doctrinales de la loi, aux principes qui avaient cours avant la Révolution. Dans le système actuel, en effet, le fait générateur de l'impôt, c'est purement et simplement la *mutation* qui s'opère à la suite du décès et qui fait passer la propriété des biens du *de cujus* à ses héritiers ou ayants droit. Peu importe l'avantage réel ou non que ceux-ci retirent de la transmission; les biens changent de mains, ils doivent le droit proportionnel établi par l'article 4 de la loi du 22 frimaire an VII.

C'est là, sans contredit, une conception absolument erronée du droit de mutation par décès qui est, en réalité, un *impôt sur la richesse,* perçu, à juste titre d'ailleurs, au moment de l'*enrichissement* gratuit résultant pour les bénéficiaires du décès du *de cujus.* C'est là son véritable caractère, celui que lui reconnaît la presque totalité des législations étrangères, celui que nous lui restituerons nous-mêmes en liquidant désormais l'impôt sur l'actif net transmis, sur le quantum dont se sera enrichi le bénéficiaire par suite du décès de son auteur.

III

En dehors de la France, il n'existe que deux États où la déduction du passif ne soit pas inscrite dans la loi pour le calcul de l'impôt sur les successions : ce sont le canton de Zurich et la principauté de Monaco. Mais l'importance et la nature des déductions admises varie avec les différentes législations.

Dans certains États, le droit de mutation n'est dû que sur la valeur dont la fortune de l'héritier se trouve augmentée : c'est l'excédent de l'actif sur le passif de toute nature qui est seul assujetti à l'impôt. Il en est ainsi notamment dans les cantons suisses d'Argovie, Lucerne et Thurgovie [1].

En Allemagne, l'impôt ne frappe également que la valeur nette de l'héritage, après déduction des dettes et charges qui grèvent la fortune du *de cujus.* Toutes les dettes sans restriction doivent être déduites, et les charges comprennent non seulement les legs, les usufruits qui grèvent l'hérédité, mais encore les frais funéraires et les frais de dernière maladie ou autres nécessités par la liquidation de la succession et la mise en possession des héritiers. Il en est ainsi dans le grand-duché de Bade, en Bavière, dans la ville de Brême, en Prusse, en Saxe et dans le Wurtemberg [2].

Une loi du 12 juin 1889 a introduit le même régime dans l'Alsace-Lorraine, demeurée jusque-là sous l'empire de la législation française. L'impôt n'est plus exigible que sur la valeur dont s'augmente la fortune du successible, et, pour déterminer cette valeur imposable, on déduit toutes les dettes et charges grevant la succession [3].

En Angleterre, la déduction immédiate des dettes justifiées et des frais funéraires est admise. En Autriche-Hongrie, les dettes sont déduites lorsque,

[1] *Argovie,* ord. 30 juin 1857, art. 3; *Lucerne,* loi 9 mars 1859, art. 51; *Thurgovie,* loi 3 mai 1850, art. 3.

[2] *Bade,* ord. 18 mai 1855, art. 66 et 76; *Bavière,* loi 18 août 1879, art. 5; *Brême,* loi annuelle de finances; *Prusse,* lois 30 mai 1873, art. 5, et 12 juin 1891, art. 5; *Saxe,* loi 15 mai 1876, art. 5; *Wurtemberg,* loi 24 mars 1881, art. 7.

[3] *Alsace-Lorraine.* La loi du 12 juin 1889 constitue une réforme d'autant plus réelle que le tarif en vigueur n'a pas été augmenté. Il est demeuré fixé aux taux édictés par la loi française, sans addition de décimes. Ceux en vigueur en 1870 avaient été supprimés par une loi du 21 mai 1873.

dit la loi, elles sont reconnues d'une manière digne de foi; le passif déductible comprend les frais de maladie et de funérailles du *de cujus*. La Russie admet la déduction des dettes de toute nature, y compris les dettes commerciales; il en est de même en Roumanie [1].

Les cantons suisses de Bâle, de Berne et de Neufchâtel suivent, à cet égard, des règles identiques à celles des pays allemands [2]. D'autres cantons, tout en inscrivant dans leur législation fiscale le principe de la distraction des dettes, ont posé certaines limites pour réduire l'étendue des charges ou pour assurer les justifications des dettes déductibles. Ce sont ceux de Fribourg, Genève, Glaris, Schaffouse, Tessin, Uri, où les parties sont tenues de fournir dans les trois mois un inventaire exact ou un partage; Vaud, où les héritiers doivent remettre dans les vingt jours un état des dettes dont ils demandent la déduction, et Zug. Le canton de Soleure n'admet la déduction que du passif hypothécaire [3].

Les législations de la Belgique, des Pays-Bas et du grand-duché de Luxembourg, qui dérivent à la fois de la loi française et de la loi hollandaise, contiennent, en ce qui concerne la déduction du passif, des dispositions à peu près identiques.

Aux termes de l'article 12 de la loi belge du 27 décembre 1817, le passif déductible comprend les dettes à la charge du défunt constatées par les actes qui en existent ou autres preuves légales et les intérêts dus au décès; les dettes relatives à la profession du défunt, telles qu'elles existent au jour du décès; les dettes relatives à la dépense domestique au jour du décès; les charges publiques provinciales ou communales, etc., au jour du décès; les frais funéraires. Ces dispositions ont été complétées par la loi du 17 décembre 1851, qui restreint sur certains points l'admission au passif [4].

Dans le grand-duché de Luxembourg, ce sont les seules prescriptions de

[1] *Angleterre*, lois de 1853, nᵒˢ 16 et 17, art. 34 à 36 et 38, et de 1881, art. 29, 31; antérieurement à cette dernière loi, les droits étaient perçus sur l'actif brut et ultérieurement restitués sur la justification du passif déductible.

Autriche-Hongrie, le régime des successions est réglé par la loi fiscale du 9 février 1850, modifié par diverses lois postérieures.

Russie, règlement de juillet 1882, art. 11.

Roumanie, loi 19 mars 1886.

[2] *Bâle*, loi 31 mai 1880, art. 18; *Berne*, lois 26 mai 1864, art. 4, et 4 mai 1879, art. 3; *Neufchâtel*, loi 29 décembre 1876, art. 4.

[3] *Fribourg*, loi 8 mars 1882, art. 14 et 26; *Genève*, loi 18 juin 1870, art. 14; *Glaris*, lois 11 mai 1873, art. 8, 4 mai 1884, art. 4, et 7 mai 1891, art. 6; *Schaffouse*, loi 25 janvier 1884, art. 14 et 15; *Soleure*, loi 13 décembre 1848, art. 4; *Tessin*, loi 10 mai 1873, art. 46; *Uri*, loi de 1889; *Vaud*, lois 25 mai 1824, art. 34 et 35, et 31 janvier 1889; *Zug*, ord. 20 décembre 1876, art. 24.

[4] Nous croyons devoir noter ces dispositions qui présentent un intérêt particu-

la loi de 1817 qui sont encore en vigueur. Il en est de même dans les Pays-Bas; mais les lois antérieures ont été codifiées en 1886, et c'est l'article 27 du *Code* qui règle la matière.

En Italie, la distraction des dettes grevant les successions est autorisée par la loi du 13 septembre 1874. Sont déduites les dettes certaines et liquides résultant d'un acte public ou d'un jugement d'une date antérieure à l'ouverture de la succession, ou encore d'un acte sous signature privée enregistré avant l'ouverture de la succession, ou antérieur à 1866 et ayant acquis date certaine au jour du décès, si toutefois il a été régulièrement timbré ou a supporté les droits similaires alors en vigueur.

Sont également susceptibles de déduction les dettes commerciales contractées à l'intérieur du royaume, lorsque leur existence est établie par la production des livres de commerce du débiteur tenus dans les formes prescrites par la loi. Par contre, la déduction n'est pas admise pour les dettes résultant de lettres de change ou de billets à ordre qui ne seraient mentionnés ni dans les livres de commerce du débiteur, ni dans ceux du créancier. On n'admet pas non plus la déduction de tout autre passif qui ne rentrerait pas dans l'énumération limitative de la loi [1].

lier à raison des emprunts faits à la législation belge par les projets français où nous les retrouvons en partie :

« Ne sont pas admis au passif : 1° les dettes hypothécaires dont l'inscription était périmée depuis un an ou radiée au jour de l'ouverture de la succession; 2° toute dette acquittée, si la quittance ne porte pas une date postérieure au décès; 3° les intérêts dus des dettes hypothécaires, au delà de trois années; ceux des dettes non hypothécaires, les loyers et fermages, au delà de deux années; et les dettes concernant les dépenses domestiques, au delà de l'année échue et de l'année courante; 4° les termes échus depuis plus d'un an avant le décès, des dettes remboursables par annuités; 5° les dettes reconnues par le défunt au profit de ses héritiers, donataires ou légataires, si elles ne sont pas constatées par actes enregistrés trois mois au moins avant l'ouverture de la succession. » (Art. 11.)

« Toute dette uniquement reconnue par testament est considérée comme legs pour la liquidation de l'impôt. » (Art. 12.)

[1] La loi de 1874 contient, au sujet des justifications à fournir par les héritiers, les prescriptions suivantes :

« Pour que la déduction du passif soit admise, il est nécessaire que l'héritier fournisse toutes les justifications nécessaires en produisant les titres des dettes, soit en original, soit en copie; cette production devra être accompagnée d'une déclaration émanant de l'héritier et des créanciers, ou leurs ayants cause, où l'on affirmera que la dette existait encore, en tout ou en partie, au moment de l'ouverture de la succession. La copie du titre et les déclarations peuvent être faites sur papier non timbré, mais les signatures devront être certifiées véritables par un notaire, un préteur ou le syndic local.

« Le créancier ou ses ayants cause ne peuvent se refuser à remettre les titres au débiteur ou à lui permettre d'en faire prendre, à ses frais et sans déplacement, une copie authentique par le notaire ou le greffier; il ne peut pas non plus se re-

Enfin l'Espagne, qui offre à notre examen la législation d'ensemble la plus récente sur la matière, admet la déduction des dettes du *de cujus*, lorsque leur existence certaine résulte d'actes publics ou d'autres documents d'une légitimité non douteuse, selon les termes de l'article 5 de la loi du 25 septembre 1892 [1].

Dans quelle mesure la loi nouvelle devra-t-elle s'inspirer de ces différentes législations? dans quelle mesure devra-t-elle autoriser la déduction du passif? Nous n'hésitons pas à répondre que *toutes les dettes reconnues certaines dans leur existence doivent être déduites*, et cela, quelle que soit la nature de la preuve qui établira cette existence. Cette déduction complète s'impose d'ailleurs tout particulièrement aux partisans du tarif progressif, car, ainsi qu'on l'a fait remarquer, l'iniquité de la non-déduction, absolument condamnée déjà avec le régime actuel, se trouverait multipliée dans une proportion considérable avec la progressivité des droits, l'inégalité devenant d'autant plus lourde que la progression s'accentuerait davantage. La loi nouvelle doit donc prévoir et assurer, dans la mesure du possible, cette complète déduction. Aussi aucun des textes proposés jusqu'ici ne paraît-il de nature à fournir une solution définitive de la question.

M. Burdeau propose de ne déduire que «les dettes liquides au jour de l'ouverture de la succession et établies à cette époque par des actes authentiques ou des jugements». M. Boudenoot demande la déduction «des dettes établies par jugements, par actes authentiques antérieurs d'au moins un mois au décès, par actes sous seings privés souscrits un mois au moins avant l'ouverture de la succession, ou par des déclarations de conventions verbales faites à l'enregistrement, un mois au moins avant le décès, en vertu des lois existantes». M. Dupuy-Dutemps accorde la déduction pour «les dettes en capital à la charge du défunt, liquides au jour de l'ouverture de la succession, et résultant d'actes authentiques, de jugements ou d'actes sous seings privés enregistrés trois mois au moins avant l'ouverture de la succession».

C'est cette dernière rédaction qui prévaut devant la Commission spéciale de la Chambre saisie de ces divers textes [2], mais celle-ci ne peut

---

fuser à fournir la déclaration sur l'existence de la dette, à peine de dommages-intérêts.» (Art. 55.)

«Les fausses déclarations sont punies d'une amende égale à cinq fois le droit fraudé contre ceux qui ont fourni la déclaration.» (Art. 56.)

[1] La loi de 1892 reproduit sur ce point, en les complétant, les dispositions insérées dans les lois antérieures et notamment dans la loi provisoire du 31 décembre 1881. (Voir, dans l'*Annuaire de législation étrangère de 1893*, les *Lois fiscales de 1892*, dont nous avons donné la traduction annotée, p. 415.)

[2] Cette Commission est composée de MM. Clausel de Coussergues, *président;* André Lebon, *secrétaire;* Dupuy-Dutemps, *rapporteur;* Boudenoot, Jullien, de la Batut, Vital, Lacombe, Guillemin, Jacquemin et Vallé.

tomber d'accord, sur ce point, avec M. Poincaré, qui, sans contester d'ailleurs le bien fondé des motifs qui ont déterminé l'adhésion de la Commission à la proposition de M. Dupuy-Dutemps, déclare nettement que la situa tion budgétaire ne permet pas d'aller actuellement aussi loin. Aussi, dans le nouveau projet élaboré par ses soins, M. Poincaré s'en tient-il à la seule distraction « des dettes liquides au jour de l'ouverture de la succession et établies à cette époque soit par des actes authentiques antérieurs d'un mois au moins au décès, soit par des jugements ». La Commission du budget, à laquelle ce projet avait été renvoyé, a adopté cette disposition, et la Chambre aura à se prononcer entre les deux textes [1].

Il est particulièrement remarquable que, dans tous les projets, on se soit appliqué, pour déterminer le passif déductible, à prendre pour point de départ le *mode de preuves* constatant la dette, au lieu de se baser sur la *nature* même de celle-ci et de stipuler quelles preuves, *différentes selon les cas*, les intéressés auraient à fournir pour en établir l'existence. Ce système, s'il était définitivement admis, aurait pour conséquence une inégalité extrême des contribuables devant l'impôt. Quelques exemples suffiront à le démontrer.

En l'état actuel de la législation, lorsque les reprises de la veuve survivante excèdent l'actif de communauté, cet actif seul n'est pas taxé, mais ensuite et bien que la veuve possède un droit de créance incontestable sur les propres de son mari, ces propres sont frappés par l'impôt sans que l'excédent des reprises de la femme soit déduit pour la liquidation des droits. Cette déduction, au contraire, devra être évidemment effectuée sous le nouveau régime. Mais les reprises ne résultent pas toutes d'actes authentiques ou de jugements : il y en a qui sont établies par des actes sous seing privé enregistrés, d'autres par des actes sous seing privé non enregistrés et d'ailleurs non assujettis à cette formalité dans un délai déterminé. C'est ainsi que la vente d'un immeuble aura fait l'objet d'un acte sous seing privé enregistré dans les trois mois de sa date conformément à la législation existante, et que l'aliénation de valeurs mobilières résultera uniquement d'un bordereau d'agent de change ou du bulletin d'un banquier, toutes pièces non enregistrées. Ces documents, qui ont fourni justification suffisante pour la fixation des reprises elles-mêmes, n'auront-ils plus de valeur lorsqu'il s'agira de déduire tout ou partie de ces mêmes reprises de l'actif brut de la succession pour calculer l'actif net imposable? On ne saurait le soutenir. Il y a donc là une formule à trouver pour que la distraction puisse être opérée.

On sait également combien sont nombreux les legs à des établissements publics et le temps (disons seulement excessif) nécessaire pour obtenir des autorités administratives les autorisations d'accepter. Aussi, trop souvent,

[1] Rapport de M. Dupuy-Dutemps.

une nouvelle succession s'ouvre-t-elle avant que ces autorisations aient été données; les legs sont réputés, jusqu'à l'acceptation des bénéficiaires, faire partie du patrimoine de l'héritier, et les ayants droit de celui-ci sont tenus, sans restitution possible, d'acquitter l'impôt sur ce passif. Il ne saurait en être de même sous le régime nouveau. Mais le testament qui forme le titre des établissements légataires et, en même temps, la preuve de la dette des héritiers sera peut-être olographe? Est-ce que, dans ce cas, la déduction devra être refusée, alors qu'elle ne ferait pas doute si le testament était authentique? Il serait donc nécessaire d'inscrire dans la loi une disposition permettant la déduction dans l'un comme dans l'autre cas.

D'un autre côté, alors qu'une dette hypothécaire sera déduite par cela seul que le titre qui la constate sera authentique, telle autre, au contraire, absolument certaine cependant, se verra refuser le même avantage, soit parce qu'elle ne revêtira pas la même forme, soit parce qu'elle n'aura pas subi la formalité de l'enregistrement, et bien qu'elle présente à l'administration des garanties identiques. Nous citerons à cet égard les avances sur titres, qui deviennent de plus en plus nombreuses à mesure que s'augmente notre circulation mobilière. Ces avances sont presque toutes consenties par des établissements de crédit; les traités qui les constatent sont rédigés sous signatures privées, en autant d'originaux que de parties; ces traités ne sont pas enregistrés; bien plus, en ce qui concerne la Banque de France, ils sont dispensés de cette formalité; mais l'administration, qui a entrée dans toutes les sociétés anonymes et y exerce son droit de communication, les examine et les contrôle. Néanmoins, malgré cette existence certaine de la dette, la distraction en sera refusée. N'y a-t-il pas quelque chose à faire pour éviter une conséquence si contraire à l'équité?

Ces quelques indications suffisent, croyons-nous, à démontrer qu'il conviendrait de déterminer tout d'abord les dettes déductibles et de les sérier par catégories. On distinguerait ensuite entre les catégories au point de vue des justifications à fournir par les intéressés. Il ne faudrait pas moins distinguer d'ailleurs entre les différentes dettes, au cas où il serait jugé indispensable d'exiger qu'un certain délai se soit écoulé entre le décès et soit la rédaction, soit l'enregistrement des actes. Il est certain, en effet, que cette exigence ne peut avoir d'autre motif qu'une présomption de fraude et qu'il s'agit de garantir le Trésor contre cette hypothèse. Aussi ne saurait-on traiter identiquement deux dettes de nature différente et dont l'une peut se prêter à la fraude tandis que l'autre y résiste par le caractère même de la convention qui en est la source. Lorsqu'il s'agit, par exemple, d'une obligation de sommes ayant pour titre un simple acte unilatéral sous signature privée et non enregistré, on peut soutenir que le contrôle du fisc ne peut utilement s'exercer; mais lorsqu'il s'agit, au contraire, d'une mutation, soit d'un immeuble, soit d'un fonds de commerce, dont le prix reste dû, et qui a fait l'objet d'un acte régulier de cession, acte nécessairement synallagma-

3

tique, il ne paraît pas que la fraude puisse trouver là moyen de se produire, et il ne nous semble pas que ces deux hypothèses puissent équitablement donner lieu à une même solution. Dans le premier cas, un délai entre l'acte et le décès peut être une mesure utile pour sauvegarder les intérêts du Trésor; dans l'autre, c'est une injustice. Il y aurait lieu, par suite, de s'en préoccuper.

M. Guillemin a réclamé, devant la Commission spéciale, la déduction des dettes commerciales quand l'existence et la liquidité de ces dettes avant l'ouverture de la succession étaient dûment justifiées, notamment au moyen de la production des livres de commerce du débiteur tenus conformément à la loi; mais la Commission s'est prononcée contre cette déduction.

D'excellents esprits jugent très regrettable que la Commission ait purement et simplement éliminé l'amendement de M. Guillemin, au lieu de rechercher les moyens de nous faire profiter, sur ce point, d'un bénéfice accordé aux contribuables par des législations aussi diverses que celles de l'Angleterre, de l'Italie ou de la Russie. Ils estiment que les motifs donnés sur ce point par la Commission ne sont pas suffisamment probants et qu'il convient d'examiner la question à nouveau.

«Le passif commercial, se borne à dire en effet le rapporteur, est presque toujours gagé par un actif correspondant, et, la compensation s'opérant par l'émission et le payement de papier à des dates rapprochées, on peut dire qu'en fait toute compensation est opérée avant l'échéance des six mois, et il n'y a plus à déduire le passif puisque l'actif correspondant n'est pas frappé.» Ce raisonnement pèche incontestablement par la base, car ce n'est pas la situation à l'expiration ou aux derniers jours du délai imparti aux bénéficiaires pour souscrire la déclaration prévue par la loi qu'il faut considérer, mais la situation au jour même de l'ouverture de la succession. Les opérations effectuées au delà de cette date sont les opérations des héritiers, ce ne sont plus celles du *de cujus*. L'argument est donc sans valeur.

Il n'y a pas lieu, au surplus, de relever dans l'argumentation de la Commission cette déclaration, que l'actif correspondant n'est pas frappé. Elle a évidemment entendu dire seulement par là que cet actif n'était pas habituellement déclaré. Il n'y a en effet, sur ce point, aucun doute possible, l'actif commercial doit être compris dans la déclaration au même titre que l'actif civil. Mais, par contre, le passif commercial n'a-t-il pas, comme le passif civil, droit à la déduction? L'affirmative n'est pas contestable.

Aussi est-ce bien plutôt sur la difficulté d'obtenir des justifications satisfaisantes que sur le principe même de la déduction qu'on s'appuie pour la refuser. C'est qu'en effet on n'a prévu jusqu'ici, comme mode de preuves en l'espèce, que la représentation pure et simple des livres de commerce, système emprunté à la législation italienne. La représentation de ceux du *de cujus* garantirait la déclaration de l'actif commercial; celle des livres des débiteurs ou une déclaration d'existence de la dette fournie par eux amènerait le contrôle, au point de vue du passif, des énonciations contenues dans les livres du défunt[1].

On a mis en avant les inconvénients que pourrait entraîner, dans ce cas particulier, le contrôle des agents du Trésor et l'ingérence qui en résulterait dans les affaires des contribuables. Pourquoi cependant ces vérifications ne seraient-elles pas possibles en France alors qu'elles sont effectuées sans difficulté à l'étranger, où, certainement, on n'accepte pas sans examen les dires des imposés[2]? Au surplus, disent les partisans de la déduction qui estiment que ceux-ci ne tarderaient pas à former l'exception, si quelques-uns parmi les intéressés jugent plus conforme à leurs intérêts de s'abstenir, la loi qui leur accorde la faculté de la déduction sous justification n'a rien d'impératif; ils déclareront purement et simplement leur actif, assujetti sans contestation possible à l'impôt. Mais que le législateur ne dise pas aux autres : « Vous pouvez et vous voulez justifier de votre passif commercial pour n'acquitter les droits que sur l'enrichissement résultant pour vous du décès de votre auteur et qui seul doit être taxé : vous ne le ferez pas. »

La représentation pure et simple des livres de commerce peut, sans doute, être considérée comme insuffisante à garantir les intérêts du Trésor, mais on conçoit facilement un ensemble de mesures qui permettrait d'obtenir ce résultat[3]. Il y a donc là un problème délicat, mais qui n'est certainement pas sans solution.

Nous avons dit que M. Poincaré ne croyait pas possible de décider, dès maintenant, la déduction complète du passif et que le ministre estimait qu'il ne fallait s'engager que pas à pas dans la voie de la déduction. C'était également l'avis de M. Burdeau. Il est hors de doute, en effet, que la déduction des dettes renferme un aléa considérable. Le passif peut bien être évalué en bloc à 20 milliards, ce qui représente 10 p. 100 environ si l'on met en

[1] La communication des livres de commerce est déjà admise, d'ailleurs, dans certains cas, par la législation fiscale actuelle, notamment en cas de cession de fonds de commerce ou de parts sociales.

[2] Il n'y a pas lieu, d'un autre côté, de s'arrêter aux objections présentées par les adversaires de la déduction au sujet des prétendus inconvénients du contrôle de l'administration. Les lois de finances étendent sans cesse à de nouvelles catégories de contribuables les investigations de l'Enregistrement, et nous pouvons affirmer qu'on en est encore à signaler un manquement quelconque au secret professionnel de la part des employés supérieurs chargés d'y procéder. Pourquoi supposer qu'il en serait différemment en ce qui a trait à l'examen passif commercial?

[3] La représentation des titres payés pourrait, notamment, être presque toujours utilement effectuée, par suite du payement intervenu entre le décès et l'époque de la déclaration. Des inventaires authentiques pourraient être rédigés d'après des règles précises et uniformes et fournissant un ensemble de justifications dont le *réseau*, si nous pouvons nous exprimer ainsi, ne laisserait pas passer la fraude.

regard le total de la fortune publique que M. de Foville, avec sa compétence reconnue, évaluait récemment à 210 milliards [1]. Mais comment se répartit ce passif? On l'ignore absolument. En ce qui concerne en effet les dettes non hypothécaires, les éléments d'appréciation font défaut. Quant aux dettes hypothécaires, nous savons que certains immeubles sont grevés jusqu'au tiers de leur valeur, tandis que d'autres sont absolument indemnes. À défaut de statistiques qu'il est bien difficile de dresser avant la discussion de la loi dans les Chambres, une expérience seule pourra fournir des indications par l'application du nouveau système.

Dans ces conditions, nous pensons qu'il conviendrait d'élaborer un texte posant le principe de la déduction totale du passif, sériant les dettes en diverses catégories, fixant ensuite les justifications à fournir dans chaque cas, statuant enfin que telles dettes seront déduites dès la promulgation de la loi, tandis que les autres ne seront admises à la distraction qu'au fur et à mesure de dispositions conformes inscrites dans les lois de finances postérieures. Nous ajouterons qu'il serait peut-être expédient d'autoriser pour ces dernières la déduction à concurrence d'un quantum déterminé, un quart ou un cinquième par exemple, afin de provoquer les justifications et de réunir ainsi les éléments statistiques indispensables pour autoriser ultérieurement, en connaissance de cause, une déduction de plus en plus absolue.

<h2 style="text-align:center">IV</h2>

Nous avons indiqué, au début de ce mémoire, les différents modes actuellement suivis pour déterminer la valeur imposable des biens transmis par décès : les inventaires, les procès-verbaux de ventes, la déclaration estimative, pour les meubles corporels; les cours de la bourse, pour les valeurs mobilières cotées; la déclaration, pour les autres; enfin, en ce qui concerne les immeubles, la capitalisation du revenu par 20 ou 25, selon qu'il s'agit de biens urbains ou ruraux, sans distraction des charges.

Le système suivi, en ce qui concerne les meubles et valeurs mobilières, ne soulève aucune objection sérieuse : quelques dispositions de détail suffiraient à assurer plus complètement encore l'exactitude des dires des parties dans les différents cas où la déclaration estimative est admise [2]. Mais, en ce qui a trait aux immeubles, on est généralement d'accord pour substituer à la valeur fictive obtenue par la capitalisation du revenu la valeur vénale, qui permet mieux la déduction exacte du passif.

La Belgique est aujourd'hui le seul État, autre que la France, où la per-

---

[1] A. de Foville, *La richesse en France et à l'étranger*, dans le *Dictionnaire des finances*.

[2] On pourrait, par exemple, utiliser, pour le contrôle de l'impôt, les renseignements contenus dans les *polices d'assurances contre l'incendie*.

ception des taxes successorales immobilières soit encore assise sur une valeur de convention et non sur une valeur réelle. Il n'y existe pas moins de trois manières différentes de fixer la valeur imposable : pour certains immeubles, notamment pour ceux situés à l'étranger, la valeur est obtenue en multipliant le produit annuel par 20 ou par 30, suivant qu'il s'agit de propriétés bâties ou non bâties ; — pour les immeubles situés en Belgique, le gouvernement détermine périodiquement le rapport moyen du revenu cadastral à la valeur vénale [1] ; — enfin les héritiers ont la faculté de faire procéder, à leurs frais et avant la déclaration, à l'évaluation des immeubles ; l'estimation est définitive et elle sert de base à la perception de l'impôt. Ces dispositions sont inscrites dans la loi du 17 décembre 1851, et il est intéressant de constater que, dans le projet de *Code des successions* actuellement soumis à la Chambre des représentants, aucune modification n'est proposée à cet égard par le gouvernement [2].

[1] Ce multiplicateur varie dans des proportions considérables : 20 à 70 p. 100 pour les propriétés bâties ; 20 à 60 p. 100 pour les biens ruraux.

[2] L'Angleterre, où jusqu'ici les taxes successorales étaient également assises sur une valeur de convention, vient à son tour d'abandonner ce système.

La coutume traditionnelle chez nos voisins d'outre-Manche, de substituer indéfiniment presque toutes les propriétés foncières, de telle sorte que le propriétaire actuel n'est, en réalité, que l'usufruitier des immeubles qu'il a recueillis par succession, avait fait adopter, pour la perception du *succession duty*, un système tout particulier basé sur l'intérêt de la vie (*life interest*) de l'héritier. La valeur imposable était calculée en capitalisant le revenu des immeubles (déduction faite des rentes foncières, des frais de réparation des immeubles, de la taxe des pauvres et des autres charges locales) et l'impôt appliqué d'après l'âge du bénéficiaire, conformément à la table officielle annexée à la loi organique de 1853 (lois 16 et 17 Victoria) et d'après laquelle un revenu de 100 livres (2,500 francs) représente en capital :

Livres	Âge de l'héritier.	Soit, au change fixe de 25 francs, pour un revenu de 100 francs.
1,892	1	1,892ᶠ
1,928	4	1,928
1,878	10	1,878
1,729	20	1,729
1,644	30	1,644
1,242	50	1,242
972	60	972
381	80	381
64	95	64

Ce mode de calcul, très rationnel lorsqu'il s'agissait d'un droit viager, ne s'expliquait pas, au contraire, lorsque les biens étaient transmis en toute propriété. Le Parlement vient de faire droit aux observations présentées à ce sujet par sir William Harcourt et, désormais, l'impôt sera liquidé sur la valeur vénale toutes les fois que la succession sera absolue.

Tout en reconnaissant que, dans la rigueur du droit, la valeur vénale devrait fonctionner seule, sans maximum ni minimum, M. Poincaré comme M. Burdeau, M. Boudenoot comme M. Dupuy-Dutemps, et avec eux la Commission spéciale, conservent le système d'évaluation actuel pour le cas où la valeur vénale serait inférieure aux évaluations fournies par la capitalisation du revenu par 20 ou 25.

Il ressort de ce double mode de détermination de la valeur imposable une incontestable inégalité des contribuables devant l'impôt. Aussi est-ce là évidemment, dans la pensée du Parlement comme de l'administration, une mesure transitoire, et la restriction apportée à la déclaration en valeur devra-t-elle être abrogée lorsque la mise en vigueur du nouveau régime fiscal aura permis à l'administration de l'enregistrement de recueillir les éléments d'appréciation qui lui font actuellement défaut, pour assurer, en ce qui touche la valeur vénale déclarée, un contrôle aussi exact que celui qu'elle exerce actuellement sur le revenu réel des biens.

Nous préférerions, quant à nous, le maintien, tout au moins provisoire, du système actuel, sauf à exiger la déclaration en valeur, légèrement atténuée, lorsqu'il s'agit de propriétés d'agrément, de terrains à bâtir, ou de tous autres immeubles non susceptibles de revenu par leur nature.

Si la déclaration en valeur et revenu devait, au contraire, prévaloir, il semble qu'on pourrait atténuer ce que ce mode de procéder a de rigoureux, en autorisant la distraction pour la détermination du revenu capitalisable, sinon, ainsi qu'on l'a demandé, de la totalité des charges qui viennent réduire, dans une proportion si sensible parfois, le revenu brut, du moins de l'impôt foncier. Personne ne saurait contester, en effet, qu'il est vraiment excessif de faire ainsi acquitter l'impôt sur l'impôt même et qu'il y a là une déduction qui s'impose. On n'aurait à craindre, à cet égard, aucune fraude, puisque l'extrait du rôle déterminerait le quantum déductible, et l'on apporterait ainsi plus d'équité dans la loi. La diminution de rendement que subirait le Trésor de ce chef peut être approximativement chiffrée, avec les tarifs actuels, à 8,750,000 francs.

V

La détermination de la valeur à taxer, lorsque les transmissions portent séparément sur la nue propriété et sur l'usufruit, constitue une des questions les plus délicates que le législateur ait à trancher à l'occasion de la réforme qui nous occupe. Dans le système de la loi du 22 frimaire an VII, l'usufruit, à quelque époque que s'opère sa transmission, est évalué, pour la perception de l'impôt, à la valeur de la moitié de la pleine propriété. Or il est incontestable que, suivant l'âge auquel il est arrivé, l'usufruitier recueille une valeur supérieure, égale ou inférieure à la moitié de celle de la propriété. Ce dernier cas est le plus fréquent, et l'usufruitier acquitte le plus souvent des droits trop élevés. D'un autre côté, le nu propriétaire est tenu de payer, dès l'ouverture de la succession, exactement les mêmes droits que s'il était mis immédiatement en possession de la pleine propriété. Et non seulement il peut attendre pendant de nombreuses années la consolidation de son droit, mais encore mourir sans que cette éventualité se soit réalisée. Dans ce cas, ses ayants droit n'en devront pas moins acquitter à leur tour l'impôt sur la nue propriété recueillie par eux, sauf à attendre eux-mêmes la cessation de l'usufruit. Il est incontestable que ce mode de procéder recèle une série d'injustices dont on a vraiment peine à dire quelle est la plus criante. On a demandé depuis longtemps la cessation de cet état de choses, et le moment paraît venu de donner satisfaction sur ce point aux justes réclamations des contribuables, mais dans quelles conditions?

Dans plusieurs États, la valeur de l'usufruit est fixée, pour le payement des droits de succession, à une quotité déterminée de la valeur réelle, en pleine propriété, des biens soumis à l'usufruit, sans avoir égard à l'âge de l'usufruitier. En Espagne, cette quotité a été maintenue par la loi de 1892 au quart de la pleine propriété; dans le grand-duché de Bade, elle est des deux cinquièmes; elle est de moitié, comme en France, en Belgique et dans le grand-duché de Luxembourg, en Russie et, en Suisse, dans les cantons d'Argovie, Fribourg et Schaffouse [1]. Mais, notamment en Espagne, en Grèce et en Belgique, le nu propriétaire n'acquitte l'impôt que lors de la consolidation de la toute propriété sur sa tête.

En Italie, l'usufruit constitué pour un temps indéterminé ou dépassant dix ans s'évalue à la moitié de la pleine propriété; lorsque l'usufruitier a plus de 50 ans, la valeur est fixée au quart de cette valeur [2].

En Allemagne, à l'exception du grand-duché de Bade, tous les États calculent la valeur de l'usufruit viager d'après l'âge de l'usufruitier. Ce mode de procéder a été également introduit en Alsace-Lorraine par la loi de 1889, que nous avons déjà eu l'occasion de citer.

Lorsque l'usufruit s'éteint dans l'année qui suit la mutation, la valeur imposable est fixée seulement d'après la durée réelle et le trop-perçu est restitué d'après la législation prussienne. Le nu propriétaire a la faculté de payer immédiatement l'impôt sur la différence existant entre la valeur de la toute propriété et celle attribuée à l'usufruit, ou d'acquitter les droits sur la valeur entière lors de la consolidation de la pleine propriété. La loi

---

[1] *Grand-duché de Bade*, ord. du 18 mai 1855, art. 71.

Belgique et grand-duché de Luxembourg, loi du 27 décembre 1817, art. 17.

Russie, règlement de juillet 1882, I, art. 7.

Suisse : Argovie, loi du 28 mai 1857, art. 7; Fribourg, loi du 8 mars 1882, art. 14; Schaffouse, loi du 8 mars 1884, art. 5.

[2] *Italie*, loi du 13 septembre 1874, art. 16 et 18.

applicable à l'Alsace-Lorraine fixe dans les même conditions la valeur imposable, mais elle exige le payement immédiat [1].

En Wurtemberg, la valeur de l'usufruit se calcule d'après un tableau annexé au décret du 26 mars 1881, en exécution de l'article 8 de la loi du 24 mars précédent, qui a fixé la valeur d'un marc de rente annuelle aux différents âges [2].

Dans les Pays-Bas, le mode de calcul des usufruits viagers est à peu près identique à celui suivi dans les pays allemands. Le revenu des biens est évalué à 4 1/2 p. 100 de leur valeur vénale et ce revenu est multiplié par des coefficients qui se rapprochent de ceux que nous avons cités pour ces pays.

[1] Il est intéressant de comparer les multiplicateurs adoptés, non seulement entre eux, mais aussi avec ceux précédemment admis :

ÂGE.	EN BAVIÈRE.	EN ALSACE-LORRAINE.	EN PRUSSE.	
	Loi du 18 août 1879.	Loi du 12 juin 1889.	Loi du 21 juin 1891.	Loi du 30 mars 1872.
Quand le bénéficiaire a :	On multiplie l'avantage annuel par :			
15 ans ou au-dessous......................	18	18	18 au lieu de 16	
De 15 à 25 ans........	17	17	17 —	15
De 25 à 35 ans...	15 1/2	16	16 —	14
De 35 à 45 ans.	14	14	14 —	12 1/2
De 45 à 55 ans	12	12	12 —	10
De 55 à 65 ans........................	8 1/2	8 1/2	8 1/2 —	7 1/2
De 65 à 75 ans........................	5	5	5 —	5
De 75 à 80 ans.	3	3	3 —	3
80 ans et au-dessus	2	2	2 —	2

[2] Ce tableau nous paraît également utile à reproduire, à raison des données scientifiques qui ont servi à l'établir. Nous en déduisons, pour permettre la comparaison, la valeur d'*un franc* de rente annuelle :

ÂGE.	DURÉE POSSIBLE de la vie.	VALEUR D'UN MARC de rente annuelle.	VALEUR D'UN FRANC de rente annuelle.
1 à 20....	30 ans	18^{m}0293136o	14^{f}42345088
21 à 25.	28	17 22115033	13 77692026
26 à 30........	25	15 94416914	12 75583531
31 à 35.	23	14 58006297	11 66405037
36 à 40....	20	13 61606761	10 89285408
41 à 45..	18	12 60324710	10 08259768
46 à 50.	13	9 82117135	7 85693708
51 à 55...	9	7 27828280	5 82262624
56 à 60.	7	5 87434191	4 69947354
Au delà de 60 ans.	6	4 36437041	3 49149632

En Angleterre, les transmissions d'usufruit demeurent taxées d'après le *life interest* en prenant pour base la table annexée à la loi de 1853 [1]. C'est donc là encore un système analogue à celui des pays allemands.

Dans le canton de Genève, l'usufruitier paye, s'il est âgé de 50 ans et au-dessous, sur la moitié de la valeur totale; de 50 à 60 ans, il paye sur le tiers; de 60 à 70 ans, sur le quart; au-dessus de 70 ans, sur le huitième [2].

Disons enfin que, dans plusieurs cantons suisses, les transmissions de l'espèce ne sont pas assujetties à l'impôt, mais l'usufruitier est tenu de payer au nu propriétaire les intérêts des droits de mutation acquittés par ce dernier, et cela pendant toute la durée de l'usufruit. Telle est notamment la législation du canton de Vaud [3].

D'accord avec les auteurs des propositions, la Commission spéciale ne s'est arrêtée à aucun des systèmes que nous venons d'analyser : elle s'est prononcée en faveur d'un mode de procéder qui en est, si l'on peut s'exprimer ainsi, la résultante, et auquel M. Poincaré a également adhéré.

Aux termes des dispositions nouvelles, l'usufruit est estimé, si l'usufruitier a moins de 20 ans révolus, aux sept dixièmes, et la nue propriété aux trois dixièmes de la propriété entière, telle qu'elle doit être évaluée d'après les règles de l'enregistrement. Au-dessus de cet âge, cette proportion est diminuée par l'usufruit et augmentée par la nue propriété d'un dixième, pour chaque période de dix ans, sans fraction. A partir de 70 ans de l'âge de l'usufruitier, la proportion est fixée à un dixième pour l'usufruit et à neuf dixièmes pour la nue propriété.

L'incidence de cette proportion ressort, par suite, aux chiffres suivants :

	VALEUR	
Âge de l'usufruitier.	de l'usufruit.	de la nue propriété.
20 ans.	$7/10^{es}$	$3/10^{es}$
20 à 30 ans.	$6/10^{es}$	$4/10^{es}$
30 à 40 ans.	$5/10^{es}$	$5/10^{es}$
40 à 50 ans.	$4/10^{es}$	$6/10^{es}$
50 à 60 ans.	$3/10^{es}$	$7/10^{es}$
60 à 70 ans.	$2/10^{es}$	$8/10^{es}$
Au delà de 70 ans.	$1/10^{es}$	$9/10^{es}$

Il n'est tenu compte, pour fixer la proportion, que des usufruits qui se sont ouverts ou qui s'ouvrent au jour de la mutation. L'usufruit constaté pour une durée fixe est estimé aux deux dixièmes de la valeur de la pro-

[1] Voir page 48, note 2.
[2] *Genève,* loi du 18 juin 1870, art. 16.
[3] *Vaud,* loi du 25 mai 1824, art. 38.

priété entière pour chaque période de dix ans de la durée de l'usufruit, sans fraction et sans égard à l'âge de l'usufruitier.

Les droits ainsi déterminés dans leur assiette sont immédiatement exigibles aussi bien du nu propriétaire que de l'usufruitier. Il eût sans doute été préférable, tout en admettant le nouveau mode de calcul proposé pour l'usufruit, de demander au nu propriétaire la totalité du droit sur la pleine propriété, mais seulement à l'époque de l'extinction de l'usufruit. Ce système, rationnel dans sa base et dans ses conséquences, aurait eu pour résultat de faire supporter à l'usufruitier une contribution en rapport avec l'importance de l'avantage temporaire résultant à son profit du démembrement de la propriété et de traiter ensuite le nu propriétaire, au moment de son entrée en possession, comme un bénéficiaire ordinaire. Mais il a paru impossible de garantir, dans ces conditions, la rentrée normale de l'impôt, et c'est pour ce motif que la préférence a été donnée aux dispositions que nous venons d'analyser et qui modifient très heureusement le système actuel.

Il conviendra toutefois, afin de sauvegarder tous les intérêts, de donner au nu propriétaire le droit de prélever sur l'hérédité les sommes nécessaires à l'acquittement des droits.

Nous devons ajouter que, dans le système nouveau, aucun payement par anticipation n'étant plus exigé du nu propriétaire, puisque celui-ci ne doit plus l'impôt que sur la valeur exacte de la nue propriété au jour de la transmission, ce nu propriétaire, tandis qu'il continuera à recueillir, sans payement d'aucune nouvelle taxe, l'usufruit éteint naturellement, ne pourra plus entrer en possession de cet usufruit avant l'expiration du terme normal ou convenu lors du démembrement, sans acquitter l'impôt afférent à la convention qui opérera la consolidation prématurée. Cette conséquence se trouve très exactement déduite par M. Poincaré dans l'exposé des motifs de son projet.

VI

Le législateur, pour que la réforme fût complète, devait également porter son attention sur la valeur qu'il convenait d'imposer lorsque la transmission porte sur les rentes et pensions, dont le caractère temporaire est identique à celui des usufruits.

Les législations étrangères nous montrent que, généralement, le capital des rentes viagères se calcule de la même façon que la valeur des usufruits, soit que l'on multiplie la rente annuelle par un coefficient déterminé sans tenir compte de l'âge, soit, au contraire, que l'on se serve de multiplicateurs gradués d'après l'âge du bénéficiaire. Il existe toutefois quelques exceptions [1].

---

[1] C'est ainsi que dans le canton de *Vaud*, où les usufruits sont exempts de

Le système particulier admis pour le calcul des usufruits devait entraîner une solution analogue pour les rentes et pensions. Aussi a-t-il été décidé, logiquement d'ailleurs, que la valeur imposable serait représentée, dans ce cas, par une quotité de la valeur entière en capital. Cette valeur entière reste déterminée conformément aux prescriptions actuelles de la loi de l'an vii (que nous avons mentionnées plus haut), et la quotité passible de l'impôt est celle prévue par les règles nouvelles édictées pour les usufruits.

L'harmonie de la loi est ainsi assurée, quelle que soit la nature des avantages viagers dont les bénéficiaires peuvent être appelés à profiter.

VII

L'assiette de l'impôt déterminée à nouveau, se pose la question la plus délicate de la réforme : la fixation des tarifs.

Nous reportons en annexe, à raison de son étendue, le tableau des tarifs successoraux des principaux pays étrangers, nous bornant à faire remarquer ici que les tarifs sont proportionnels en Allemagne, en Autriche, en Belgique, en Espagne, en Grèce, en Italie, dans le grand-duché de Luxembourg, la principauté de Monaco, les Pays-Bas, la Roumanie et la Russie. En Suisse, il en est de même dans les cantons d'Argovie, Bâle, Fribourg, Genève, Lucerne, Neufchâtel, Tessin, Unterwalden, Uri, Vaud et Zug. Ils sont progressifs dans les cantons de Berne, Schaffouse, Soleure, Thurgovie, Zurich.

droits, le capital des rentes viagères s'obtient en multipliant la rente annuelle par 10 (loi du 25 mai 1824, art. 36).

Dans le *grand-duché de Bade*, le multiplicateur est 8, quel que soit l'âge du rentier (ord. du 18 mai 1855, art. 74).

En *Belgique* et dans le *grand-duché de Luxembourg*, où la valeur de l'usufruit est invariable, quel que soit l'âge du bénéficiaire, le capital des rentes viagères est fixé, au contraire, d'après le nombre des années de vie du crédi-rentier. On compte (loi du 27 décembre 1817, art. 11 et 19) :

De 1 à 20 ans...	10 années de vie.		De 55 à 60 ans. .	5 années de vie.
De 20 à 30 ans. .	9	—	De 60 à 65 ans. .	4 —
De 30 à 40 ans. .	8	—	De 65 à 70 ans. .	3 —
De 40 à 60 ans. .	7	—	De 70 à 75 ans. .	2 —
De 50 à 55 ans. .	6	—	De 75 et au-dessus.	1 —

Dans le canton de *Fribourg*, système analogue. Le capital des rentes viagères y est égal à :

18 annuités, si le rentier a 40 ans au moins.
12 annuités, si le rentier a de 40 à 60 ans.
6 annuités, si le rentier a 60 ans et plus.

(Loi du 8 mars 1882, art. 14.)

En *Saxe*, la loi du 13 novembre 1876 contient un tableau des rentes viagères à tous les âges.

En Angleterre, le Parlement, sur l'initiative du chancelier de l'Échiquier, sir William Harcourt, vient de substituer aux cinq taxes successorales en vigueur jusqu'à ce jour deux nouveaux droits, dont l'un, progressif, l'*estate duty*, s'élève avec l'importance de la succession, abstraction faite de la qualité des bénéficiaires, et l'autre, proportionnel, le *succession duty*, est gradué d'après le degré de parenté existant entre le *de cujus* et les ayants droit.

Le canton de Glaris qui seul possédait un tarif *unique*, quel que fût le degré de parenté, a abandonné ce système en 1891 et adopté un tarif proportionnel en ligne directe et entre époux et progressif en ligne collatérale et entre étrangers.

La Commission spéciale de la Chambre a eu à se prononcer entre un même tarif proportionnel demandé à la fois par M. Burdeau et par M. Boudenoot et un tarif *progressif* réclamé par M. Dupuy-Dutemps: elle a adopté ce dernier système, mais en aggravant très profondément les taux et quotités proposés par l'honorable député du Tarn. M. Poincaré a également admis la progressivité, mais le Ministre a élaboré un nouveau tarif, très élevé encore, inférieur cependant à celui de la Commission. Enfin la Commission du budget, saisie du projet ministériel, a relevé les droits en ligne directe sur les parts successorales les plus importantes, tandis qu'en même temps elle fixait à des taux plus réduits les droits sur les petites parts transmises en ligne directe, entre époux et en ligne collatérale.

Nous réunissons dans un même tableau, en le rapprochant du tarif actuel, les divers tarifs ainsi proposés :

NATURE DES TARIFS	DEGRÉS DE PARENTÉ.							
	LIGNE directe.	ÉPOUX.	FRÈRES et sœurs.	ONCLES ou tantes et neveux ou nièces.	Grands-oncles ou grand'tantes et petits-neveux ou petites-nièces, cousins germains.	Autres COLLATÉRAUX aux 5e et 6e degrés.	Autres COLLATÉRAUX aux 7e à 12e degrés.	ÉTRANGERS.
	p. 100.	p. 100.	p. 100.	p. 100.	p. 100.	p. 100.	p. 100.	p. 100.
I. Tarif proportionnel actuel (*perçu sur l'actif brut*)	1.05	3 75	8.12 1/2		8.75	10.00		11.25
II. Tarif proportionnel (*à percevoir sur l'actif net*) demandé par MM. Burdeau et Boudenoot.	1.87 1/2	3 75	8.75	10.00	11.25	13.75	15.00	16.25
III. Tarif progressif (*à percevoir sur chaque part dans l'actif net*) proposé par M. Dupuy-Dutemps :								
Au-dessous de 1,000 francs....	»		9 00	10.00	12.00	15.00		
De 1,000 à 10,000 francs.	2.00		9.10	10 10	12.20	15.10		
De 10,000 à 50,000	2.10		9 20	10.20	12 10	15.20		
De 50,000 à 100,000	2.20		9.30	10.30	12.30	15.30		
De 100,000 à 150,000	2 30		9.40	10 40	12.40	15.40		
De 150,000 à 200,000	2.40		9 50	10.50	12.50	15.50		
De 200,000 à 250,000	2.50		9.60	10.60	12.60	15.60		
De 250,000 à 300,000	2.60		9.70	10.70	12 70	15.70		
De 300,000 à 350,000 . . .	2.70		9.80	10.80	12 80	15.80		
De 350,000 à 400,000	2.80		9.90	10.90	12.90	15.90		
De 400,000 à 450,000	2.90		10.00	11.00	13.00	16.00		
De 450,000 à 500,000	3.00		10.10	11.10	13.10	16.10		
De 500,000 à 550,000	3.10		10.20	11 20	13 20	16.20		
De 550,000 à 600,000	3 20		10 30	11.30	13 30	16.30		
De 600,000 à 650,000	3 30		10.40	11.40	13 40	16.40		
De 650,000 à 700,000	3.40		10.50	11.50	13 50	16.50		
De 700,000 à 750,000	3.50		10 60	11.60	13 60	16.60		
De 750,000 à 800 000	3 60		10.70	11 70	13.70	16.70		
De 800,000 à 850,000	3.70		10.80	11.80	13.80	16.80		
De 850,000 à 900,000 ...	3.80		10.90	11.90	13 90	16.90		
De 900,000 à 950,000	3.90		11.00	12.00	14 00	17.00		
De 950,000 à 1,000,000	4.00		11.00	12.10	14.10	17.10		
Et ainsi de suite , en augmentant de 10 centimes par fraction de 50,000 francs.								

NATURE DES TARIFS.	DEGRÉS DE PARENTÉ.							
	LIGNE directe.	ÉPOUX.	FRÈRES et sœurs.	ONCLES ou tantes et neveux ou nièces	Grands-oncles ou grand'tantes et petits-neveux ou petites-nièces, cousins germains.	Autres COLLATÉRAUX aux 5e et 6e degrés.	Autres COLLATÉRAUX aux 7e à 12e degrés.	ÉTRANGERS.
	p. 100.	p. 100.	p. 100.	p. 100.	p. 100.	p. 100.	p. 100.	p. 100.
IV. Tarif progressif élaboré par la Commission spéciale de la Chambre (*à percevoir pour chaque part dans l'actif net et pour chaque portion de cette part comprise entre les paliers ci-après*) :								
0 et 2,000 fr. [1]	1.25	3.75	8.00	9.50	11.00	13.00		15.50
2,000 et 10,000	1.45	3.95	8.20	9.70	11.20	13.20		15.70
10,000 et 25,000	1.75	4.25	8.50	10.00	11.50	13.50		16.00
25,000 et 50,000	2.05	4.55	8.80	10.30	11.80	13.80		16.30
50,000 et 90,000	2.45	4.95	9.20	10.70	12.20	14.20		16.70
90,000 et 150,000	2.85	5.35	9.60	11.10	12.60	14.60		17.10
150,000 et 250,000	3.25	5.75	10.00	11.50	13.00	15.00		17.50
250,000 et 400,000	3.75	6.25	10.50	12.00	13.50	15.50		18.00
400,000 et 700,000	4.24	6.75	11.00	12.50	14.00	16.00		18.50
700,000 et 1,100,000	4.75	7.25	11.50	13.00	14.50	16.50		19.00
1,100,000 et 1,700,000	5.25	7.75	12.00	13.50	15.00	17.00		19.50
1,700,000 et 2,500,000	5.95	8.45	12.70	14.20	15.70	17.70		20.20
2,500,000 et 4,000,000	6.65	9.15	13.40	14.90	16.40	18.40		20.90
4,000,000 et 6,000,000	7.35	9.85	14.10	15.60	17.10	19.10		21.60
6,000,000 et 10,000,000	8.25	10.75	15.00	16.50	18.00	20.00		22.50
10,000,000 et 20,000,000	9.15	11.65	15.90	17.40	18.90	20.90		23.40
Au delà de 20,000,000	10.25	12.75	17.00	18.50	20.00	22.00		24.50
V. Tarif progressif élaboré par M. Poincaré (*à percevoir pour chaque part dans l'actif net et pour chaque portion de cette part comprise entre les paliers ci-après*) :								
1 et 2,000 francs	1.00	3.75	8.50	10.00	12.00	14.00		15.00
2,001 et 10,000	1.25	4.00	9.00	10.50	12.50	14.50		15.50
10,001 et 50,000	1.50	4.50	9.50	11.00	13.00	15.00		16.00

[1] Toutefois, en ligne directe, les parts héréditaires inférieures à 1,000 francs ne seraient frappées que d'un droit de 0 fr. 50 p. 100

NATURE DES TARIFS.	DEGRÉS DE PARENTÉ.							
	LIGNE directe.	ÉPOUX.	FRÈRES et sœurs.	ONCLES ou tantes et neveux ou nièces.	Grands-oncles ou grand'tantes et petits-neveux ou petites nièces, cousins germains.	Autres COLLATÉRAUX aux 5e et 6e degrés.	aux 7e à 12e degrés.	ÉTRANGERS.
	p. 100.	p. 100.	p. 100.	p. 100.	p. 100.	p. 100.	p. 100.	p.100.
50,001 et 100,000 francs...	1.75	5.00	10.00	11.50	13.50	15.50	16.50	
100,001 et 250,000.........	2.00	5.50	10.50	12.00	14.00	16.00	17.00	
150,001 et 500,000.........	2.50	6.00	11.00	12.50	14.50	16.50	17.50	
500,001 et 1,000,000.........	2.50	6.50	11.50	13.00	15.00	17.00	18.00	
Au-dessus de 1,000,000.......	2.50	2.00	12.00	13.50	15.50	17.50	18.50	
VI.								
Tarif progressif, élaboré par la Commission du budget (*à percevoir pour chaque part dans l'actif net et pour chaque portion de cette part comprise entre les paliers ci-après*) :								
1 et 2,000 francs [1]..	1.00	3.75	8.50	10.00	12.00	14.00	15.00	
2,001 et 10,000.........	1.25	4.00	9.00	10.50	12.50	14.50	15.50	
10,001 et 50,000.........	1.50	4.50	9.50	11.00	13.00	15.00	16.00	
50,001 et 100,000.........	1.75	5.00	10.00	11.50	13.50	15.50	16.50	
100,001 et 250,000.........	2.00	5.50	10.50	12.00	14.00	16.00	17.00	
250,001 et 500,000.........	2.50	6.00	11.00	12.50	14.50	16.50	17.50	
500,001 et 1,000,000.........	2.75	7.50	12.50	14.00	16.00	18.00	19.00	
Au-dessus de 1,000,000.......	3.00	9.00	12.50	14.50	17.50	19.50	19.50	

[1] Toutefois : 1° pour les parts successorales nettes n'excédant pas 1,000 francs et seulement en ligne directe, entre époux et entre frères et sœurs, les taux sont réduits de moitié : o fr. 50 p. 100, 1.875 p. 100, 4.25 p. 100; 2° pour les parts successorales nettes n'excédant pas 10,000 francs, et seulement entre époux et entre frères et sœurs, l'impôt sera calculé sur la part entière au taux de 3.75 p. 100 et 8.10 p. 100.

Inscrit jusqu'ici dans des propositions dues à l'initiative parlementaire, adopté par les commissions de la Chambre, l'*impôt progressif sur les successions* a fait pour la première fois son apparition dans un projet du gouvernement avec le texte nouveau élaboré par M. Poincaré.

Dans son exposé des motifs, le Ministre rappelle les opinions émises à ce sujet par divers économistes qui, rejetant la progression lorsqu'il s'agit de taxer les revenus, l'admettent au contraire lorsqu'on l'applique aux successions. M. Poincaré déclare nettement qu'en graduant les taux suivant l'importance des parts recueillies, il n'a entendu porter atteinte à aucun des principes de notre législation; mais il estime que «le taux des droits doit être calculé d'après les facultés des contribuables, et ces facultés sont, dans l'espèce, plus grandes qu'en toute autre matière, parce que l'impôt frappe le redevable au moment où il s'enrichit, sans effort, sans travail, souvent d'une manière inespérée».

A ces raisons de principe, M. Poincaré ajoute des raisons de fait : le système proposé permettra seul de réaliser la double réforme du passif et de l'usufruit sans surcharger les héritages de médiocre importance en ligne directe. Comme ce sont ceux qui représentent la masse successorale la plus importante, on est forcé, avec un taux strictement proportionnel, de leur demander une partie des ressources nécessaires à la distraction des charges et au nouveau calcul des droits applicables aux nues propriétés et aux usufruits séparément transmis. Aussi ces droits étaient-ils augmentés de 5o p. 100 dans le projet de M. Burdeau. Le taux gradué facilite au contraire une répartition moins onéreuse pour les petits héritages en ligne directe.

L'honorable député de la Meuse nous paraît avoir été heureusement inspiré en faisant valoir ces raisons de fait et en ramenant à ce point de vue la solution de la question. On peut, en effet, argumenter longuement sur les mérites et les inconvénients des taxes progressives et des taxes proportionnelles qui figurent *déjà* d'ailleurs, *les unes comme les autres*, dans notre système d'impôts, tandis qu'il faut bien répondre au dilemme posé par M. Poincaré : convient-il d'effectuer les réformes proposées et de les réaliser aussi larges que possible, en demandant à un tarif progressif le moyen de récupérer la perte qu'imposent au Trésor les modifications apportées à l'assiette de l'impôt, ou faut-il maintenir le *statu quo,* c'est-à-dire un régime unanimement condamné? La réponse ne saurait être douteuse à notre avis.

Mais, le principe admis, il est indispensable, selon la formule de sir William Harcourt dans son exposé financier, d'en faire l'application avec discernement, avec justice et avec une grande modération. Les divers tarifs proposés peuvent-ils donner satisfaction à cet égard?

Il convient tout d'abord de relever, à l'avantage de la proposition de M. Dupuy-Dutemps, la détaxe complète de toutes les successions dans lesquelles la part nette recueillie n'atteint pas 1,000 francs, dont devaient bénéficier les contribuables les plus intéressants, et l'assujettissement à un même tarif des mutations en ligne directe et entre époux, le conjoint survivant paraissant devoir être traité, au point de vue fiscal, au moins aussi favorablement qu'un enfant. Par contre, on a reproché à la proposition de l'honorable député du Tarn d'offrir une progression trop uniforme et trop faible, d'établir des tranches trop nombreuses, de ne pas fixer de maxima.

Cette dernière critique seule nous paraît fondée, car, pour le surplus, on ne saurait contester que des tranches plus nombreuses, mais numériquement identiques, facilitaient l'application du tarif en même temps que la progression modérée évitait les sauts trop brusques, qui auraient été d'autant plus sensibles que les droits se trouvent liquidés sur la part entière recueillie. Quant aux droits eux-mêmes, M. Dupuy-Dutemps avait dû, pour réaliser les avantages que nous avons constatés, les relever dans une forte proportion.

Dès que le tarif de la Commission spéciale de la Chambre a été connu, il a soulevé des protestations à peu près unanimes. En voulant obtenir un rendement assez considérable pour effectuer, au delà de la réforme qui nous occupe, des dégrèvements très légitimes d'ailleurs en principe, la Commission n'a-t-elle pas dépassé le but? D'excellents esprits le soutiennent; à leur avis, les taux que propose la Commission sont exagérés et leur nombre trop considérable. D'un autre côté, l'application de l'impôt à un taux différent par chaque tranche nécessite des calculs aussi nombreux que compliqués, et l'on a pu dire que, pour assurer l'application des 119 quotités de son tarif, la Commission n'avait plus qu'à attacher un actuaire à chacun des bureaux d'enregistrement. Il y a là peut-être quelque exagération, mais il faut bien reconnaître que cette tarification n'est pas pratique et que, de plus, si la Commission surtaxe toujours, elle ne détaxe jamais. Et cependant les 100 millions de plus-value qu'elle attend de son système ne sont-ils pas bien aventurés? Certes, les calculs de M. Dupuy-Dutemps, qui, en qualité de rapporteur, a consenti à se faire le champion contre lui-même des idées de la Commission, sont très ingénieux, mais reposent-ils sur une base bien sérieuse? Il est permis d'en douter, car la répartition des parts ne suit pas, ainsi que l'admet l'honorable député du Tarn, une proportion identique dans toutes les lignes; cette proportion présente bien une moyenne de 2.7 en ligne directe, mais, par la force des choses, cette moyenne s'accentue lorsque les successions passent à des collatéraux et plus encore lorsque les bénéficiaires sont des étrangers, la plus grande partie des capitaux taxés représentant alors des legs particuliers. Enfin, dans quelle proportion se répartit le passif et dans quelle mesure la déduction de celui-ci vient-elle encore modifier les évaluations? Les présomptions mêmes font défaut.

La tarification inscrite dans le projet de M. Poincaré est moins élevée que celle de la Commission spéciale, beaucoup la considèrent encore comme excessive. On y relève également l'application, empruntée au système de la Commission, de l'impôt tranche à tranche; par contre, on reconnaît que les tranches sont moins nombreuses et que les maxima, fixés lorsque la part recueillie dépasse le million, diminuent dans une certaine mesure les inconvénients du système.

La Commission du budget a fait subir quelques corrections au projet de

M. Poincaré, qui en atténuent la charge pour les parts les moins importantes. C'est ainsi que les taux inscrits au tableau ont été réduits de moitié
en ce qui touche les parts successorales nettes n'excédant pas 1,000 francs,
transmises en ligne directe, entre époux et entre frères ou sœurs. D'un
autre côté, pour ces deux dernières catégories, l'impôt ne serait calculé, sur
les parts successorales nettes n'excédant pas 10,000 francs, qu'à 3.75 p. 100
et 8.10 p. 100 sur la part entière. Par contre, la Commission, pour retrouver un même rendement, a continué la progression en ligne directe jusqu'à 3 p. 100 au-dessus d'un million.

Malgré les améliorations ainsi apportées au projet qu'elle a eu à examiner, la Commission du budget n'en traite pas moins plus favorablement
les gros héritages que les fortunes moyennes. Pour les transmissions d'un
chiffre réellement élevé, celles qui dépassent le million, l'impôt, de progressif qu'il était, devient proportionnel. C'est là une anomalie qu'il est
essentiel de faire disparaître.

Aussi est-ce dans l'application d'un autre système que nous rechercherons la solution de la question. Nous proposerions, tout d'abord, le maintien d'un *droit de mutation*, strictement proportionnel, gradué suivant la
parenté; c'est le régime actuel. Mais nous y ajouterions un *droit de statistique* dont le quantum suivrait, au contraire, l'importance des parts recueillies par chaque bénéficiaire.

En ce qui concerne le *droit de mutation*, les taux du tarif nous paraîtraient pouvoir être fixés :

En ligne directe à . . . . 2 p. o/o.

Entre
- époux. 4
- frères et sœurs. 6
- oncles ou tantes et neveux ou nièces. 8
- grands-oncles ou grand'tantes et petits-neveux ou petites-nièces, cousins germains. 10
- parents des 5e et 6e degrés. 11
- parents des 7e au 12e degrés. 12
- étrangers. . . . . 13 [1].

Le *droit de statistique*, son nom seul l'indique aussi exactement que
complètement, a pour objet de permettre, par l'application d'une taxe légère, la réunion des renseignements statistiques fournis par les déclarations
et inutilisés jusqu'ici, sur la répartition de l'actif successoral annuellement
transmis et dont l'importance moyenne atteint près de 6 milliards [2]. En

[1] Appliqués à la moyenne des capitaux taxés pendant la dernière période quinquennale connue, ces taux donneraient un rendement de 220 millions au lieu de
190, soit 1/8e en plus.

[2] La moyenne de l'actif successoral brut, annuellement transmis, ressort, d'a

même temps, le Trésor pourrait trouver, dans cette perception accessoire, un appoint sérieux au produit du droit de mutation. La charge qui résulterait de l'établissement du droit proposé serait très équitablement répartie, puisque, par le jeu même des droits, l'incidence en serait proportionnelle à l'importance de l'enrichissement réalisé au profit de chaque bénéficiaire. Elle aurait l'avantage, d'un autre côté, de permettre au législateur de ne pas surélever outre mesure le droit de mutation. Enfin, maintenu dans des limites convenables, il n'aurait pas ce caractère de progressivité excessive reproché, non sans raison, à la plupart des tarifs proposés jusqu'ici.

Le nouveau droit nous paraîtrait devoir être fixé par unités entières, afin que le calcul en soit toujours facile. Mais, afin d'éviter les sauts brusques que l'examen des tarifs progressifs a permis de constater, nous pensons qu'il conviendrait de liquider le droit de statistique non sur les capitaux transmis, mais sur les droits de mutation auxquels ces capitaux ont été assujettis.

près les *Comptes de finances*, de 1889 à 1893, pour la dernière période quinquennale connue, à 5,687 millions 8.

	MILLIONS DE FRANCS.
Ligne directe	3,780.6
Entre époux	569.4
Ligne collatérale	1,086.2
Entre étrangers	251.6
TOTAL	5,687.8

Cet actif, au point de vue de la *nature des valeurs transmises*, se répartit de la manière suivante :

	MILLIONS DE FRANCS.
Meubles (autres que les valeurs mobilières)	1,471.2
Valeurs mobilières	1,373.2
ENSEMBLE	2,844.4
Immeubles	2,843.4
TOTAL	5,687.8

Quant au tarif, nous proposerions le suivant :

IMPORTANCE DES PARTS SUCCESSORALES.	TAUX DU DROIT DE STATISTIQUE (perçu sur le montant des *droits de mutation* afférents à ces parts).
	p. 100.
Jusqu'à 1,000 francs..........................	1 [1]
De 1,000 à 10,000 francs.....................	2
De 10,000 à 25,000.........................	3
De 25,000 à 50,000.........................	4
De 50,000 à 75,000.........................	5
De 75,000 à 100,000.........................	6
De 100,000 à 250,000.........................	7
De 250,000 à 500,000.........................	8
De 500,000 à 750,000.........................	9
De 750,000 à 1,000,000.........................	10
De 1,000,000 à 1,500,000.........................	11
De 1,500,000 à 2,000,000.........................	12
De 2,000,000 à 2,500,000.........................	13
De 2,500,000 à 3,000,000.........................	14
De 3,000,000 à 3,500,000.........................	15
De 3,500,000 à 4,000,000.........................	16
De 4,000,000 à 4,500,000.........................	17
De 4,500,000 à 5,000,000.........................	18
De 5,000,000 à 10,000,000.........................	19
De 10,000,000 à 15,000,000.........................	20
De 15,000,000 à 20,000,000.........................	21
De 20,000,000 à 25,000,000.........................	22
De 25,000,000 à 30,000,000.........................	23
De 30,000,000 à 40,000,000.........................	24
De 40,000,000 à 50,000,000.........................	25

[1] Au minimum de 5 centimes.

Ce ne sont là, d'ailleurs, que des indications et non des chiffres définitifs à raison de la relation nécessaire, au point de vue des charges qui en découleraient, entre le tarif du droit de mutation et celui du droit de statistique.

Ces tarifs seraient applicables, à notre avis, aux transmissions à titre gratuit effectuées par donation, comme à celles résultant de l'ouverture des successions. Les parties et le notaire rédacteur seraient tenus d'indiquer dans les actes, pour le calcul exact de l'impôt, si les donataires ont été précédemment gratifiés par les mêmes donateurs et, dans le cas de l'affirmative, l'importance des valeurs ainsi reçues.

VIII

Les législations étrangères consacrent de nombreuses exemptions. Il ne semble pas possible, au moment de la mise en vigueur d'un régime nouveau, d'entrer bien avant dans la même voie et de faire bénéficier d'un régime de faveur la totalité des transmissions qui s'opèrent au profit des départements, des communes et des établissements publics. Mais il nous paraît indispensable cependant de ne pas tarder davantage, sinon à supprimer, du moins à alléger la charge que supportent, du chef des taxes sur les transmissions à titre gratuit, les établissements charitables et hospitaliers. L'intérêt considérable qui s'attache à la prospérité des établissements de bienfaisance, au développement des œuvres d'assistance sociale, l'exige. N'est-ce pas, après tout, la société elle-même qui bénéficie des libéralités des particuliers venant pourvoir à des besoins auxquels il lui incomberait sans cela de satisfaire? Et si l'État diminue par l'impôt l'importance des valeurs destinées à parer à ces nécessités, n'est-il pas amené, d'un autre côté, à inscrire à son débit des subventions plus élevées? L'exemption de l'impôt serait donc la solution logique. Mais les nécessités budgétaires commandent et il en faut tenir compte, dira-t-on. Soit, mais qu'on ne fasse, par exemple, payer aux transmissions de cette catégorie qu'un demi-droit, au lieu d'un droit plein.

D'après nos chiffres, ce serait le taux de 6.50 p. 100 au lieu de celui de 13 p. 100. Le droit de statistique serait perçu sur ces libéralités. Il ne constituerait d'ailleurs qu'une charge négligeable[1].

---

[1] On peut, en effet, fixer *approximativement* l'importance des libéralités de la manière suivante :

	au-dessous de 100 francs......................	40 p. o/o.
Libéralités	de 100 à 1,000 francs.....................	35
	de 1,000 à 10,000 francs.................	20
	au-dessus de 10,000 francs..............	5

Ce seraient donc quelques centimes seulement qui viendraient s'ajouter, du chef du droit de statistique, au montant du demi-droit afférent à la transmission.

IX

Dans ce mémoire déjà long, nous avons dû borner notre examen aux questions les plus graves soulevées par la réforme du *régime fiscal des successions*.

Nous nous bornerons donc, en terminant, à signaler purement et simplement l'intérêt qu'il y aurait, à notre avis, à réunir dans un seul contexte et les dispositions nouvelles et les dispositions conservées, aujourd'hui disséminées dans nombre de textes législatifs; à rechercher en même temps dans quelle mesure il conviendrait de les reviser et de les compléter afin d'assurer la meilleure application de l'impôt; à régler complètement, par une loi unique, toutes les prescriptions régissant la matière. On obtiendrait ainsi un *code* complet et raisonné, aussi nécessaire aux agents chargés de la perception des droits qu'aux contribuables tenus de les acquitter.

Les circonstances ayant nécessité la disjonction du budget de 1895 de la partie de la loi de finances relative à la réforme qui nous occupe, cette étude complémentaire pourrait certainement être menée à bien avant que la question soit de nouveau portée devant le Parlement. Nul doute d'ailleurs que l'Administration de l'enregistrement ne s'inspire dans cet examen, comme elle l'a déjà fait dans l'élaboration des derniers projets, des tendances nettement progressistes des Chambres et ne fasse prévaloir, toutes les fois qu'elles seront compatibles avec les intérêts du Trésor dont elle a la garde, les solutions libérales que peuvent comporter ces questions d'exécution qui, pour paraître accessoires, n'en ont pas moins, en fait, un intérêt considérable.

TABLEAU

DES DROITS DE SUCCESSION

DANS LES DIFFÉRENTS ÉTATS

DÉSIGNATION DES ÉTATS.	SUCCESSIONS EN LIGNE DIRECTE.					SUCCESSIONS ENTRE ÉPOUX.	
	DESCENDANTS.			ASCENDANTS.		TARIF spécial pour les parts réservataires.	TARIF ordinaire.
	ENFANTS légitimes.	ENFANTS naturels.	ENFANTS adoptifs.	PÈRE et mère.	AUTRES ascendants.		
	p. 100.	p. 100.	p. 100.	p. 100.	p. 100.	p. 100.	p. 100.
France..........................	1.25	1.25 / 11.25	1 25	1.25	1.25	3.75	3.75 / 11.25
Alsace-Lorraine.................	1.00	1.00	1.00	1.00	1.00	3.00	3.00
Bade............................	Exempt.	Exempt.	»	Exempt.	Exempt.	Exempt.	1.2/3
Bavière.........................	Idem.	Idem.	»	4.00	6.00	Idem	Exempt.
Brême...........................	Idem.	«	«	Exempt.	Exempt.	Idem.	Idem.
Prusse..........................	Idem.	4.00	2.00	Idem.	Idem.	Idem.	Idem.
Saxe............................	Idem.	«	'	Idem.	Idem.	Idem.	Idem.
Wurtemberg......................	Idem.	Exempt.	3.00	2.00	3.00	Idem.	Idem.
Angleterre (*succession duty*)..	1.50	»	»	1.50	1.50	Idem.	Idem.
Autriche-Hongrie. { Meubles et immeubles......	1.25	»	1.25	1.25	1.25	1.25	1.25
Autriche-Hongrie. { Immeubles spécialement.....	1.875	»	1.875	1.875	1.875	1.875	1.875
Belgique.... { Droit de succession........	1 40	13.80	8.20	1.40	1.40	"	5.50
Belgique.... { Droit de mutation.........	1.40	1.40 / 6.80	6.80	1.40	1.40	1.40	6.80
Espagne..........................	1.40	2.00	2.00	1 00	1.00	1.00	3.00

(1) Sont exempts : usufruit réservé au conjoint sur les biens de l'époux prédécédé ; legs et dons au profit des

(2) Sont exempts : successions échues aux pères et mères jusqu'à 1,250 francs et à concurrence de 20 p. o/o au Les beaux-pères et belles-mères, les alliés en ligne descendante, gendres et brus payent 4 p. o/o.

(3) Sont exempts : mutations n'atteignant pas 150 marcs ; dons et legs au profit de personnes au service du dé mère et de ses ascendants ; les beaux-enfants et les beaux-parents (enfants de différents lits, ou parenté résultant du

(4) Sont exempts : successions dont l'actif net ne dépasse pas 150 marcs ; dons aux domestiques ne dépassant pas

(5) L'exemption en ligne directe s'applique aux enfants provenant d'un mariage putatif ou nés après les fiançailles ;

(6) Le nouvel *estate duty* est une taxe progressive qui frappe les valeurs transmises abstraction faite de la parenté (1,000 à 10,000 £); — 4 p. o/o (10,000 à 25,000 £); — 4 1/2 p. o/o (25,000 à 50,000 £); — 5 p. o/o p. o/o (150,000 à 250,000 £); — 7 p. o/o (250,000 à 500,000 £); — 7 1/2 p. o/o (500,000 à 1,000,000 £);

(7) Sont exemptes les successions en ligne directe et entre époux non séparés quand l'actif brut ne dépasse pas la valeur transmise ne dépasse pas une rente de 50 florins ou un capital de 500 florins.

(8) La *taxe immobilière* est perçue concurremment avec le *droit d'enrichissement*. Il est accordé sur cette taxe une la dernière mutation.

(9) Le *droit de succession* est perçu :

1° Sur la valeur de tout ce qui est recueilli dans la succession d'un habitant du royaume en ligne collatérale ou

2° Sur la valeur des immeubles situés en Belgique et les rentes hypothécaires sur les immeubles de même situa en ligne directe.

Le *droit de mutation* est perçu sur la valeur, sans distraction de passif, des immeubles sis en Belgique, délaissés Ces deux droits ne se perçoivent pas concurremment.

Le tarif de 13.80 p. o/o est applicable à la portion dépassant leur part héréditaire dont les collatéraux béné

Sont exemptes d'impôt, les parts nettes inférieures à 1,000 francs et toute succession ne dépassant pas 800 florins

(10) Legs en faveur de l'âme du testateur, 1 p. o/o ; de d'autres personnes, 8 p. o/o. Collatéraux : 5e degré,

SUCCESSIONS EN LIGNE COLLATÉRALE.							SUCCESSIONS ENTRE ÉTRANGERS.	OBSERVATIONS.
FRÈRE et sœur.	NEVEU et nièce.	PETIT-NEVEU et petite-nièce.	ONCLE et tante.	GRAND-ONCLE et grand' tante.	COUSINS germains.	COLLATÉRAUX du 5° au 12° degré.		
p. 100.	p. 100.	p. 100.	p. 100.	p. 100.	p. 100.	p. 100.	p. 100.	
8.125	8.125	8.75	8.125	8.75	8.75	10.00	11.25	Lois 22 frimaire an vii, 28 avril 1816, 21 avril 1832 et 18 mai 1850.
6.50	6.50	7.00	6.50	7.00	7.00	8.00	9.00	*Idem.*
3.1/3	3.1/3	3.1/3	10.00	10.00	10.00	10.00	10.00	Lois de finances [1].
4.00	4.00	4.00	6.00	6.00	6.00	8.00	8.00	Loi 18 août 1879 [2].
4.00	4.00	4.00	8.00	8.00	8.00	8.00	8.00	Lois de finances.
2.00	2.00	2.00	4.00	4.00	4.00	8.00	8.00	Lois de mai 1873, 12 juin 1891 [3].
Exempt.	Exempt.	3.00	3 00	3.00	3.00	5.00	5.00	Loi 13 novembre 1876 [4].
2.00	3.00	6.00	4.00	6.00	6.00	8.00	8.00	Loi 24 mai 1881 [5].
4.50	6.00	4 50	6.50	7.50	6.50	7.50	11.50	Loi de finances 1894-1895. concurremment avec l'*estate duty* [6].
4.25	4.25	4.25	4.25	4 25	4.25	8.25	8.25	Loi 9 juin 1850 et autres [7].
1.875 sur la part de la succession soumise au droit d'enrichissement. 4.375 sur le surplus de la succession.								[8].
1.80 / 13.80	8.20 / 13.80	8.20 / 13.80	8.20 / 13 80	8.20 / 13.80	13.80	13.80	13.80	Loi 27 décembre 1817, 17 décembre 1851, 28 juillet 1879.
8.80	6.80	6.80	6.80	6.80	6.80	6.00	6.80	Loi 17 décembre 1851 [9].
4.00	5.00	6.00	5.00	6 00	6.00	7, 8, 9.	9 00	Loi 25 septembre 1892 [10].

pauvres et de certains établissements publics. (Ordon. 28 mai 1855.)

delà de ce chiffre; dons aux domestiques jusqu'à 750 francs; successions dont l'actif net ne dépasse pas 62 fr. 50.

cédé jusqu'à 900 marcs (les avantages viagers payent 10 p. o/o); les enfants naturels pour la succession de leur mariage) payent 4 p. o/o.

1,000 marcs.

dons aux domestiques ne dépassant pas 1,000 marcs.

des bénéficiaires avec le *de cujus*. Elle est de 1 p. o/o (100 à 500 £); — 2 p. o/o (500 à 1,000 £); — 3 p. o/o (50,000 à 75,000 £); — 5 1/2 p. o/o (75,000 à 100,000 £); — 6 p. 100 (100,000 à 150,000 £); — 6 1/2 — 8 p. o/o (au-dessus de 1 million de livres).

50 florins. Les beaux-enfants payent 1 fr. 25 p. o/o comme les enfants. Il en est de même des domestiques lorsque

réduction de 1 à 3 p. o/o quand il ne s'est pas écoulé plus de huit ou, dans certains cas, plus de dix années depuis

entre non-parents, passif déduit;

tion, déduction faite des dettes hypothécaires sur des immeubles situés en Belgique, lorsque ces biens sont transmis

par quelqu'un qui n'est pas habitant du royaume.

ficient par suite de dispositions testamentaires. Brevets tarifés à 14 p o/o.

(634 fr. 72).

7 p. o/o; 6° degré, 8 p. o/o, autres, 9 p. o/o

DÉSIGNATION DES ÉTATS.		SUCCESSIONS EN LIGNE DIRECTE.					SUCCESSIONS ENTRE ÉPOUX.	
		DESCENDANTS.			ASCENDANTS.		TARIF spécial pour les parts réservataires.	TARIF ordinaire.
		ENFANTS légitimes.	ENFANTS naturels.	ENFANTS adoptifs.	PÈRE et mère.	AUTRES ascendants.		
		p. 100.	p. 100.	p. 100.	p. 100.	p. 100.	p. 100.	p. 100.
Grèce...		"	"	"	"	"	2.00	2.00
Italie...		1 60	"	"	1.60	1.60	4.50	4.50
Luxembourg.	Droit de succession...	Exempt.	·	"	Exempt.	Exempt.	Exempt.	4.00
	Droit de mutation...	1.00	"	"	1.00	1.00	5.00	5.00
Monaco....	Meubles...	0 50	"	"	0.50	0.50	1.25	1.25
	Immeubles...	1.00	"	"	1.00	1.00	2.50	2.50
Pays-Bas..	Droit de succession...	1.00	0	"	3.00	3 00	1 00	4.00
	Droit de mutation....	1.00	"	"	1.00	1.00	1.00	5 00
	Droit sur les valeurs mobilières..	0.25	"	"	0.25	0.25	0.25	2.00
Roumanie		Exempt.	"	"	Exempt.	Exempt.	Exempt.	Exempt.
Russie...		1.00	"	1.00	1 00	1 00	1.00	1.00
Suisse :								
Argovie..		Exempt.	"	"	Exempt.	Exempt.	Exempt.	Exempt.
Bâle (ville)...		Idem.	"	"	2.00	4.00	Idem.	Idem.
Bâle (campagne)..		Idem.	"	"	Exempt.	Exempt.	Idem.	Idem.
Berne.		Idem.	Exempt.	"	1.00	2 00	Idem.	1.00
Fribourg.		Idem.	2.00	"	Exempt.	Exempt.	2.00	8.00
Genève...		2.10	"	"	2.10	2 10	2.10	5.25
Glaris...		0.50	"	"	Époux ou fiancés : 0.50			0.50
Lucerne...		Exempt.	"	"	Exempt.	2 à 4	Exempt.	Exempt.
Neufchâtel...		Idem.	Exempt.	"	Idem.	Exempt.	Idem.	2.00
Saint-Gall...		Idem.	Idem.	"	Idem.	Idem.	Idem.	Exempt.
Schaffouse...		Idem.	"	"	Idem.	Idem.	Idem.	Idem.

[1] Sont exemptes : les successions inférieures à 2,000 francs ; celles au profit d'établissements d'enseignement ou de conventions internationales.

[2] Institutions de bienfaisance : 5 p. o/o (au lieu de 6.50 p. o/o, tarif de 1874) ; collatéraux du 5e au 10e de Propriétés de moins de 500 francs, droits atténués d'un dixième. Biens transmis deux fois dans une période de

[3] Successions ne dépassant pas 300 florins, exemptes.

Le *droit de succession* et le *droit de mutation* ne se perçoivent pas concurremment.

[4] Successions en ligne directe exemptes lorsqu'elles n'ont pas été réglées par testament ou tout autre acte de libé

[5] Sont exemptes du *droit de succession* : successions en ligne directe néerlandaise et entre époux laissant des en actif est supérieur à 1,000 florins mais ne dépasse pas 1,500 florins ; toutes successions dont l'actif net n'est pas six mois.

Sont exempts du *droit de mutation* sur les valeurs mobilières, les dépôts dans les caisses d'épargne jusqu'à 800 flo

[6] Sont exempts : successions ou ports de successions ne dépassant pas 1,000 roubles ; terres et maisons de pay les capitaux) qui ne produisent aucun revenu et ne constituent pas un objet de commerce ou d'industrie.

[7] Dont 5 p. o/o au profit de la commune, le surplus au profit de l'État.

[8] Tarif augmenté de moitié lorsque la part transmise excède 50,000 francs.

[9] Le tarif demeure proportionnel pour les descendants ainsi que pour les époux et fiancés. Il est progressif pour

SUCCESSIONS EN LIGNE COLLATÉRALE.							SUCCESSIONS ENTRE ÉTRANGERS.	OBSERVATIONS.
FRÈRE et sœur.	NEVEU et nièce.	PETIT-NEVEU et petite-nièce.	ONCLE et tante.	GRAND-ONCLE et grand' tante.	COUSINS germains.	COLLATÉRAUX du 5e au 12e degrés.		
p. 100.	p. 100.	p. 100.	p. 100.	p. 100.	p. 100.	p. 100.	p. 100.	
2.00	3.00	3.00	3.00	3.00	3.00	4, 5.	5.00	Loi 30 décembre 1887 [1].
7.00	8.50	8.50	8.50	8.50	12.00	13.15	15.00	Loi 23 juillet 1894 [2].
4.00	6.00	6.00	6.00	6.00	10.00	10.00	10.00	} Loi 27 décembre 1817 [3].
5.00	5.00	5.00	5.00	5.00	5.00	5.00	5.00	
2.00	2.25	2.25	2.25	2.25	2.25	2.25	3.00	} Loi 29 avril 1828 [4].
4.00	4.50	5.00	4.50	5.00	5.00	5.00	6.00	
4.00	6.00	6.00	6 00	6.00	10.00	10.00	10.00	Lois 13 mai 1859, 9 janvier 1878.
5.00	5.00	5.00	5.00	5.00	5.00	5.00	5.00	Loi 13 mai 1859 [5].
2.00	2.00	2.00	2.00	2.00	2.00	2.00	2.00	Lois 9 janvier 1878, 31 déc. 1885.
3.00	3.00	3.00	3.00	3.00	3.00	6.00	9.00	Loi 19 mars 1886.
4.00	4.00	6.00	6.00	6.00	8.00	8.00	8.00	Oukase juillet 1882 [6].
1.00	3.00	6.00	3.00	6.00	6.00	9, 12, 20.00.	20.00	Loi 28 mai 1857; décret 22 septembre 1885.
4.00	6.00	9.00	6.00	9.00	9.00	12.00	12.00	Loi 31 mai 1880.
7.00	9.00	11.00	9.00	11.00	11.00	11.00	15.00	Loi 20 avril 1891 [7].
2.00	3.00	6.00	4.00	6.00	6.00	8.00	10.00	*Loi 4 mai 1879* [8].
2.00	3.00	3.00	3.00	4.00	4.80	6, 8.	10.00	Loi 8 mars 1882.
5.25	5.25	5.25	5.25	5.25	8.40	12.60	12.60	Loi 28 juin 1890.
1 à 10 avec surtaxe progressive au-dessus de 10,000 francs.								*Loi 7 mai 1891 (Tarif mixte)* [9].
Exempt.	4.00	8.00	4.00	8.00	8.00	12.00	12.00	Code civil, loi 9 mars 1859.
3.00	4.00	5.00	4.00	5.00	5.00	6 à 10	10.00	Loi 29 décembre 1876.
2.00	3.00	4 00	3.00	4.00	4.00	5.00	10.00	
4.00	8.00	12.00	8.00	12.00	12.00	16.00	20.00	*Loi 8 mai 1884 (Tarif progressif. — Maximum).*

d'utilité publique, reconnus officiellement par le Gouvernement, ou de personnes appelées à bénéficier à cet égard

gré, 13 p. o/o; autres, 15 p. o/o; transmissions de parts de bénéfices ecclésiastiques, 3 p. o/o.
quatre mois, la succession pour laquelle le droit est le moins élevé est exempte.

ralité à cause de mort.
fants issus de leur union, lorsque l'actif net ne dépasse pas 1,000 florins, et une somme de 500 florins lorsque cet
supérieur à 300 florins; tout ce qui est recueilli en usufruit, si l'héritier décède avant que sa jouissance ait duré

rins.
sans, constructions et accessoires, transmis à des personnes de la classe rurale; biens meubles domestiques (sauf

les autres catégories de bénéficiaires.

DÉSIGNATION DES ÉTATS.	SUCCESSIONS EN LIGNE DIRECTE.					SUCCESSIONS ENTRE ÉPOUX.	
	DESCENDANTS.			ASCENDANTS.		TARIF spécial pour les parts réservataires.	TARIF ordinaire.
	ENFANTS légitimes.	ENFANTS naturels.	ENFANTS adoptifs.	PÈRE et mère.	AUTRES ascendants.		
	p. 100.	p. 100.	p. 100.	p. 100.	p. 100.	p. 100.	p. 100.
Soleure..............................	Exempt.	Exempt.	Exempt.	2 00	4 à 8	4.00	12.00
Tessin...............................	Idem.	"	"	Exempt.	Exempt.	3 00	3 00
Thurgovie...........................	Idem.	"	"	Idem.	4.00	4.00	4.00
Unterwalden.........................	0.20	"	"	0 20	0 25	"	"
Uri..................................	Exempt.	"	"	Exempt.	2 00	"	"
Vaud.................................	Idem.	Exempt.	"	Idem.	2.00	3.00	3.00
Zug..................................	Idem.	"	"	Idem.	Exempt.	0.50	0.50
Zurich...............................	Idem.	"	3.00	Idem.	12.00	Exempt.	Exempt.

(1) Au point de vue des exemptions, on retrouve dans la législation des divers cantons des dispositions semblables à certains établissements publics.

A noter, d'un autre côté, une surtaxe de 1 p. o/o sur la part dont un héritier est avantagé (Fribourg), ou

SUCCESSIONS EN LIGNE COLLATÉRALE.							SUCCESSIONS ENTRE ÉTRANGERS.	OBSERVATIONS.
FRÈRE et sœur.	NEVEU et nièce.	PETIT-NEVEU et petite-nièce.	ONCLE et tante.	GRAND-ONCLE et grand'tante.	COUSINS germains.	COLLATÉRAUX du 5ᵉ au 12ᵉ degrés.		
p. 100.	p. 100.	p. 100.	p. 100.	p. 100.	p. 100.	p. 100.	p. 100.	
4.00	12.00	14.00	12.00	14.00	14.00	16.00	16.00	*Loi 13 décembre 1884 (Tarif progressif. — Maximum).*
3.00	4.00	5.00	4.00	5.00	5.00	6 à 10	10.00	Loi 10 mai 1873 [1].
4.00	6.00	8.00	6.00	8.00	8.00	8 à 12	12.00	*Loi 23 mai 1850 (Tarif progressif. Maximum).*
0.35	0.35	0.35	0.55	0.35	0.35	1.00	1.00	Loi 30 avril 1882.
2.00	4.00	5.00	4.00	5.00	5.00	6 à 13	"	Code, article 135.
2.00	3.00	6.00	3.00	6.00	6.00	8 à 10	10.00	Loi finances 19 novembre 1885.
0.20	0.20	0.30	0.20	0.20	0.30	0.40 et 0.50	0.50	Loi 1ᵉʳ juin 1876; décret 20 décembre 1876.
3.00	9.00	9.00	5.00	15.00	15.00	15.00	15.00	*Loi 29 décembre 1869 (Tarif progressif. — Maximum).*

à celles que nous avons déjà relevées : successions minimes; legs aux domestiques, jusqu'à un certain chiffre; legs

lorsque la parenté résulte seulement de l'alliance, mais dans la limite de 10 p. o/o (Tessin).